U0523719

为人师

郑锦杭 著

教育科学出版社
·北京·

本书赞誉

《为人师》这本书笔触细腻生动，很好地展现了一线教师的日常生活。我很欣喜，也很感动，作者关注到了教师生命个体的生存状态。为人师者，不仅是知识的传递者、灵魂的塑造者，也是一个一个真实的、有着喜怒哀乐的普通人。我想这本书应该会引起广大教师的共鸣，让他们在阅读中找到自己的影子，感受到心灵的慰藉和力量。

——中国教育学会名誉会长 顾明远

成为那个自己认同的自己需要笃定的人生准则，你需要从身边那些容易被忽略的零零碎碎的细节里吸取营养。本书的作者郑锦杭老师正是以这样的方式成为了一个了不起的自己。在她那里，到处都是蛋白质、维生素，而她的这本书也充满了可以让读者强壮自我的营养。

——北京第一实验学校校长 李希贵

教师是学生成长的引路人，但教师自己也是成长过程中的人，同样需要被呵护、被关爱、被激励。《为人师》呈现的一线教师在生活上的喜怒哀乐、教育上的摸索探究、观念上的思考定位、成长上的不断追寻，勾勒出了新时代教师群体生长的生动画面，既能激发广大教师的强烈共鸣，也能引发大家对教师生存状况的深度思考，还能为教师专业成长提供研究的基础。

——上海市教育考试院副院长 常生龙

本书以《为人师》为名，是很用心的。为人师是平静而沉默的叙说：这是我的职业，这是我在做的事。它并不夸大教师的责任，但却促使老师向内发问：我该如何为人师？向内的发问才是最为强大的动力，也是最为持久的鞭策。

——东南大学建筑学院教授 史永高

郑锦杭的《为人师》展示了六位教师的六个立面体，其核心要旨就是教师是人，不是工具，教师只有自身获得成长和解放，才有可能在为人师的道路上笃行致远。这本书的意义是多元的，对于已经是教师的群体来说，它让教师们得到了安慰、认同，让他们找到了职业初心，坚定了职业信念；而对于即将做教师、未来想做教师的人以及社会人士来说，本书为他们提供了一种关注教师群体进而反思整个教育的视角。

——杭州市作家协会副主席 孙昌建

不是成为老师就天然成为了教育者，不是成为权威就一定能给出正确的答案。为人师其实是一个对人凝视，与人对话，人与人彼此探讨、激发并且共同学习和成长的过程。锦杭的这本书关注了六位不同教龄的老师，记录了他们想坚持的和很难坚持的，他们的疑惑、迷茫、期盼、向往以及自我反思。它启示我们，老师也在寻找自己的信念和精神支点，教育不是单向的，人人都在寻找答案的过程中。

——作家，主持人 鲁瑾

郑锦杭

作家,长期从事基础教育工作,旁涉建筑、电影、音乐等文化艺术

著有长篇小说《最好的人生》《眷恋》《熠熠生辉》,以及散记《始终——对教育及人生的一份心意》

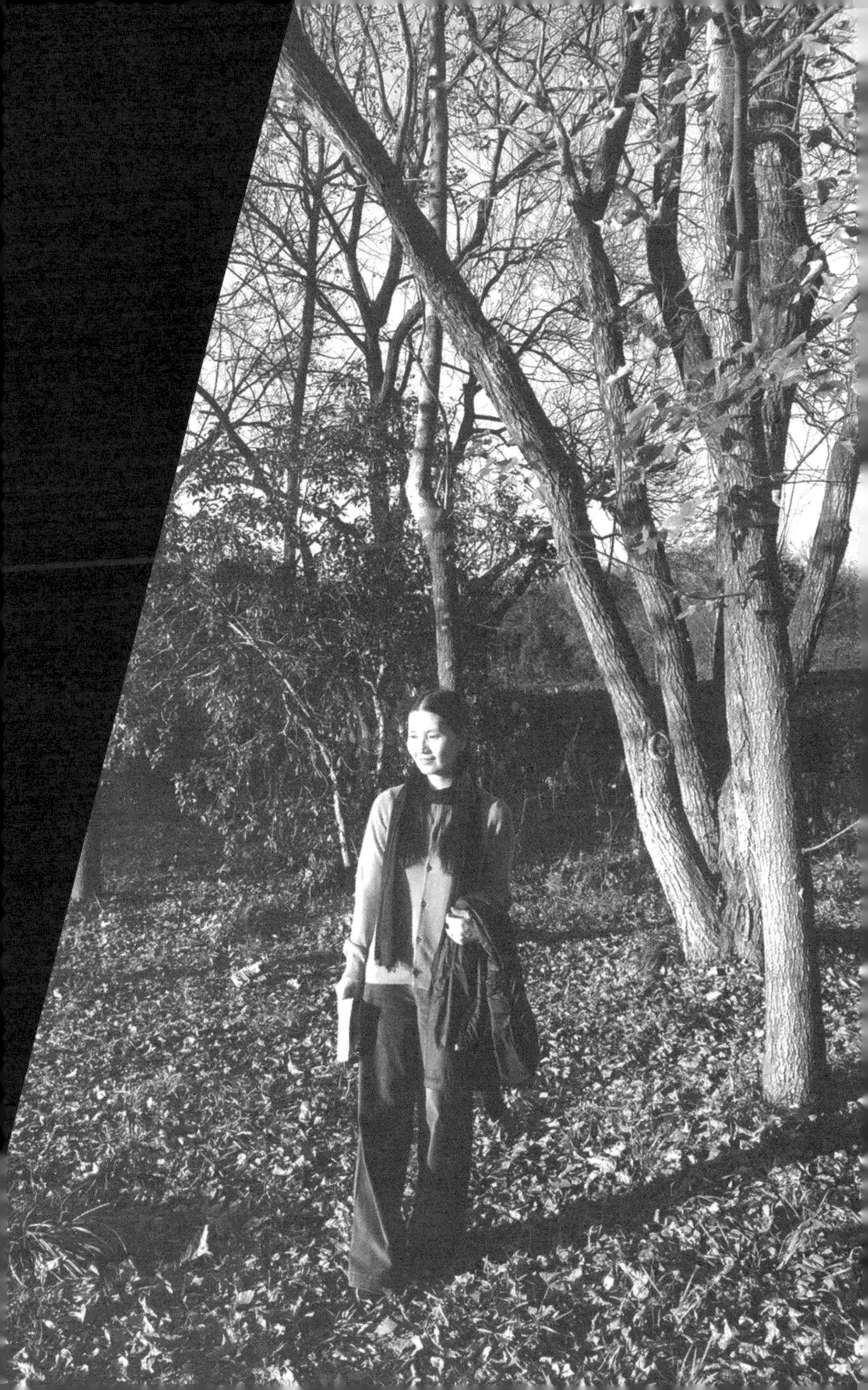

目录

楔 子		*001*
序 章	指引	*002*
第一章	我是谁	*018*
第二章	遇见你	*048*
第三章	光的样子	*076*
第四章	一个梦	*102*
第五章	一节课	*128*
第六章	我的应许之地	*154*
后 记	我们的荣耀	*180*
附 录		*202*

楔子

从前,
我以为只有我自己才是我自己。

后来,
我写的每一本书,
都在把我推向下一本书,
我从一本书走向又一本书,
我发现自己原来分散在世界的每一个角落,
分散在风中,
泥土中,
流水中,
分散在万事万物之中。

我也在每个人的脸上,
都看到了我自己。

序章

指引

它不是偶然的。
它有它的指引。

我一生中遇到过的最好的、最有意义的谈话对象皆是那些默默无闻的人。①

（卡尔·古斯塔夫·荣格）

题记

    我读到一个词：不止于艺。我被它吸引。柯布西耶②不止是建筑师，也是画家、城市规划家、家具设计师、平面设计师、诗人、作家，他一生辐射的半径难以想象地广大。爱因斯坦说他如果不是物理学家，可能会是音乐家，

---

① 出自《荣格自传：我的梦与潜意识》第四章。卡尔·古斯塔夫·荣格，人类灵魂及其潜在奥秘的探索者、现代心理学奠基人，对人类无意识心理的研究做出了巨大贡献。

② 勒·柯布西耶，20世纪著名建筑大师，是现代主义建筑的主要倡导者、机器美学的重要奠基人，被称为"现代建筑的旗手"。他创立了一系列标准，为人类的居住模式提供了解决方案，几乎所有的现代城市都受到他的范型的影响。主要作品有朗香教堂、萨伏耶别墅、拉图雷特修道院、马赛公寓等。柯布西耶一生唯一为自己建造的房屋只有十四平方米，也只有马丁岬的这个小房子才能让他平心静气。

他几乎没有一天不拉小提琴，他也能熟练地弹奏钢琴，他以超然和愉悦的态度对待国际联盟①，联盟的每一位会员按规定都要为日内瓦的学生们做一次演讲，但他却举行了一场小提琴独奏会。坂本龙一②因为两部电影而被人熟知，他和北野武③合作出演《圣诞快乐，劳伦斯先生》④，他在《末代皇帝》⑤中饰演一位日本军官，他为两部电影的配乐都赢得了盛誉，但他也不止是一个音乐家。塔可夫

---

① 1922 年，爱因斯坦加入国际联盟的"国际知识分子合作委员会"，该组织力图在学者中弘扬一种和平主义精神。但部分因为在德国无力支付战争赔款后，国际联盟支持法国侵占鲁尔区，爱因斯坦最终还是与国际联盟决裂了。

② 坂本龙一，日本殿堂级作曲家及电影配乐大师。1983 年，主演战争剧情电影《圣诞快乐，劳伦斯先生》，并为其配乐，获得第 37 届英国电影学院奖最佳配乐奖。1988 年，出演电影《末代皇帝》，并为其配乐，获得第 60 届奥斯卡最佳原创配乐奖。2023 年 3 月 28 日，坂本龙一去世，享年 71 岁，在生前最后的著作《我还能看到多少次满月升起》一书中，坂本龙一说的最后一句话是：艺术千秋，人生朝露。

③ 北野武，日本著名导演，主要作品有《菊次郎的夏天》《座头市》等。

④ 日本导演大岛渚作品。坂本龙一为电影创作的配乐《圣诞快乐，劳伦斯先生》超越电影本身，也成了坂本龙一的代表作之一。

⑤ 意大利导演贝纳尔多·贝托鲁奇作品。坂本龙一参演《末代皇帝》，贝托鲁奇临时要求他为电影配乐，他仅用一天时间就听了 20 张中国音乐精选集，并用两周时间为电影写下了 44 支曲子。

斯基①最初的梦想是当一名指挥家,在生命的最后几年,他一天也不能离开巴赫②的音乐,他的电影里不仅有流水的声音,还有风声、脚步声,他对声音有很深的理解,在某种意义上,他是一个音乐家。诺兰③买了所有他能找到的企鹅版④博尔赫斯⑤的作品,他把它们放在不同的地方,感觉自己一直在读这些书,它们对他的吸引力总是源源不断,在他的电影里有很多博尔赫斯式的叙事;他在大学期间以及毕业以后,不间断地反复阅读钱德勒⑥的作品,它

---

① 安德烈·塔可夫斯基,苏联导演、剧作家,主要作品有《乡愁》《镜子》等。
② 约翰·塞巴斯蒂安·巴赫,德国巴洛克作曲家,西方音乐之父。康德说:巴赫的存在是一个历史的必然,无论我们选择哪条路径来穿越中世纪的诗歌与音乐,最终都会被带到巴赫那里,巴赫就是这么一个终结点。
③ 克里斯托弗·诺兰,当今世界最受瞩目的电影导演之一,主要作品有"蝙蝠侠黑暗骑士三部曲"、《盗梦空间》、《星际穿越》、《敦刻尔克》等。
④ 企鹅出版集团为世界上最大的大众图书出版商之一,出版众多畅销书及文学奖得主的作品。
⑤ 豪尔赫·路易斯·博尔赫斯,阿根廷诗人、小说家,被称为"作家们的作家",主要作品有《老虎的金黄》《小径分岔的花园》等。
⑥ 雷蒙德·钱德勒,美国推理小说作家,被西方文坛称为"犯罪小说的桂冠诗人"。

们也为他的前三部长片《追随》[①]《记忆碎片》[②]《失眠症》[③]埋下了种子……他们的人生及其境界都可以对"不止于艺"做出诠释。我也向往这样的人生以及境界。

我喜欢音乐、电影、建筑，以及书。音乐不提任何事情，却能够说出一切。电影能让时间变慢、膨胀、收缩、汇聚、狂飙、盘旋、重复，就像睁着眼睛做梦。建筑一词的英语为architecture，它的词源arch表示第一或大的意思，tect为希腊语，表示技术或学问的意思，直译出来就是元学或是大的技术，它博大而且重要，它也是一种高度精确的美学，一种精神创造，一种情感表象，一种叙事。书是抵御时间流逝以及它带来的孤独的最好的伙伴，书能让孤独也不那么孤独，好像孤独也是馥郁的，也是芬芳的……它们滋养了我，让我得到灵魂的结实与坚固，并且能够不断地保持生命的更新。一般住房只要有三米左右的

---

① 诺兰执导的第一部剧情长片，采用非线性叙事，显示出诺兰对于影片语言的独创性，为他以后的创作奠定了基础。
② 诺兰的第二部长片，诺兰在那时就开始热切地探问虚构与真实的边界、自我存在与世界的关系。
③ 诺兰唯一一部翻拍的电影，改编自1997年的挪威同名电影。

层高就能够满足人基本的居住需求，然而，一个博物馆的层高一般是二十米，它超出三米以上的那些层高，似乎都是浪费的，但就是这些没用的空间却造就了建筑的美感，让人觉得深邃、辽阔，就像教堂的尖顶，让人得到心灵的抚慰。我一直都想要有机会能够和老师们就只是谈谈音乐、电影、建筑以及书，它们似乎也是没用的，不直接作用于教学，但是它们的价值就体现在没用的意义上。

我遇到了六个老师。五个女老师，一个男老师。五个普通教育的老师，一个特殊教育的老师。一个工作了二十几年，一个工作了十几年，四个工作了两到三年。一个就喜欢当班主任，一直就当班主任；一个从事学校中层管理很多年，但是发现那不是自己的追求，又重新当回班主任；三个还是很年轻的班主任；只有特殊教育的老师不是班主任。一个就是杭州人；两个是小时候就跟着爸爸妈妈从外地来到杭州的人；三个是工作前后来到杭州的外地人，其中一个是从别的省到杭州来的人。一个选择丁克，一个是两个孩子的母亲，一个就要结婚，一个刚开始恋爱，一个才和男朋友分手了，一个还没有准备恋爱。一个对教师职业很满足，乐在其中；一个在犹豫中当了老师，到现在还是不知道自己该干什么;一个从来没有想过会当老师,更喜欢当主持人,更喜欢站在舞台上,还在寻找工作的意义;一个不久以前还认为自己一直都会当老师,但也开始思索人生应有很多可能;一个还没有找到适合自己的教学模式;一个认为当老师是很幸福的事情。一个喜欢植物;一个容易感动;一个喜欢读书;一个喜欢所有美好的事物,也希望自己能够成为一个美好的人;一个认为自己就是茫茫大海中的一朵小浪花;一个非常喜欢大城市。一个王老师,一个潘老师,一个陈老师,一个张老师,一个黄老师,一个丁老师……他们虽然只有六个人,但是就像六个不同的星球,不但丰富,而且浩瀚。

我有了一个工作室①。工作室的初衷就是通过音乐、电影、建筑、书籍等序列化内容的旁涉与赏析,丰富学员的认知与储备,期待他们能够逐渐形成"不止于艺"的态度与精神,进而丰富自己的教学观与教育观。六个老师就是工作室的学员。我推介他们认识坂本龙一与《坂本龙

---

① 系浙江省杭州市拱墅区教育研究院研究员工作室项目,全称为"中小学教师美学精神工作室"。

一：终曲》①，莱昂内②与莫里康内③，以及他们的《美国往事》《黄金三镖客》，奥兹④与《爱与黑暗的故事》，李娟⑤与《遥远

---

① 是由史蒂芬·野村·斯奇博执导的一部纪录片，记录了坂本龙一罹患癌症前后五年的生活。坂本龙一将自己的每部作品都当作生命中的最后一部进行创作，这也是"终曲"的含义之一。片中，坂本龙一复述了曾为其配乐的电影《遮蔽的天空》的一段台词："因为我们不知道自己何时会死去，所以人们以为生命是一口不会干涸的井。但所有的事情都是有限的……你还会看到多少次满月升起？大约20次吧，但这看来却无穷无尽。"
② 赛尔乔·莱昂内，意大利导演，一生只导演了七部电影，却缔造了两个经典的三部曲，即"镖客三部曲"（《黄金三镖客》《黄昏双镖客》《荒野大镖客》）和"往事三部曲"（《美国往事》《西部往事》《革命往事》）。
③ 埃尼奥·莫里康内，意大利殿堂级作曲家及电影配乐大师，在与莱昂内、托尔纳托雷、塔伦蒂诺等导演长达半个世纪的合作中，不断探索音乐在能量、空间、时间方面的表达。
④ 阿摩司·奥兹，以色列国宝级作家，坚持用希伯来语创作。奥兹曾说，要想成为作家，需要三个条件：其一，受到一种伤害；其二，有一位老祖母，她总给你讲故事；其三，你需要孤独，就像伍尔芙说的那样，要有自己的房间，不论你生在哪里，哪里都是世界的中心。《爱与黑暗的故事》为他的自传性作品，以娓娓动人的笔调向读者展示出百余年间一个犹太家族的历史和民族叙事，既带你走进一个犹太家庭，又使你走近一个民族。
⑤ 李娟，中国当代作家，主要作品有《冬牧场》《春牧场》《我的阿勒泰》等。李娟的书就像大自然一样适宜所有的人，她的文字有大地一样的生命力，可以包容一切、理解一切、原谅一切、滋养一切。《遥远的向日葵地》为她的散文集。

的向日葵地》,雅克·贝汉①与《微观世界》,卓别林②与《摩登时代》,塔可夫斯基与《雕刻时光》③,以及乔伊斯④、艾略

---

① 雅克·贝汉,法国导演、演员。6岁从影,曾出演《半个男人》《天堂电影院》《放牛班的春天》。29岁,转战幕后,成为制片人,他希望能在电影里活够一千次,但他发现电影的创作满足不了许多自然的真实的表达,于是又转而拍摄纪录片,主要作品有"天地人三部曲"(《迁徙的鸟》《微观世界》《喜马拉雅》)等。其中,《微观世界》耗时20年做素材准备和视频拍摄,两年进行摄制器材设计,实际拍摄了3年。他说"如果世界上只有人类,就糟透了",他觉得自己的每一次拍摄都是对其他物种美丽与自由的一次致敬。
② 查理·卓别林,20世纪杰出的默剧大师。《摩登时代》为其经典作品之一。
③ 安德烈·塔可夫斯基在《雕刻时光》一书中自剖了个人的电影观及艺术观。塔可夫斯基认为:"人们到电影院看什么?什么理由使他们走进一间暗室?为了时间:为了已经流逝、消耗,或者尚未拥有的时间。""电影创作工作的实质是什么?一定程度上可以界定为雕刻时光。"
④ 詹姆斯·乔伊斯,爱尔兰作家、诗人,意识流天才小说家。有的书就不是要你能够读懂的,但是,只要你的目光对它有过哪怕最短暂的注视,就将过目不忘,乔伊斯的著作《尤利西斯》与《芬尼根的守灵夜》就是如此。有人在《尤利西斯》就要完成的时候问乔伊斯"当今英语大师有谁",乔伊斯说"除了我以外,不知道还有谁"。在完成《芬尼根的守灵夜》之后,乔伊斯说:"我只剩下一件事要做:等待死亡。"

特①、黑泽明②、安藤忠雄③……然而，虽然只有六个人，但是没有一次活动他们能够全都全程参加。学生和学生突然发生冲突，要赶回去处理。换不出课，要上完课才能赶过来。别的老师也要教研，要提前赶回去管理班级。要上公开课。要开家长会。琐碎。紧张。忙碌。努力。负责。也有不安，以及沮丧。但是他们都说，喜欢工作室，它能让人得到喘息以及平静……我和他们原来彼此都是陌生的，在遇见他们以后，我却开始想要记录他们，就像纪录片似的一帧一帧地去记录他们的情感、意念以及生命，工作室

---

① T.S.艾略特，英国诗人、剧作家。作品《荒原》被誉为20世纪最有影响力的一部诗作，《四个四重奏》则使他获得了1948年度诺贝尔文学奖。艾略特曾说："文学艺术迫使人抛下他拥有的一切——甚至包括整个家族——而孤身去追随艺术。因为艺术要求人既不属于他的家庭，也不隶属于他的阶层、党派、圈子。他只能纯粹是他自己。"
② 黑泽明，日本著名电影导演、编剧、制片人，被誉为"电影天皇""电影界的莎士比亚"，主要作品有《罗生门》《七武士》等。黑泽明认为人很难如实地谈论自己，总是本能地美化自己，再没有什么能比作品更好地说明作者。
③ 安藤忠雄，日本著名建筑师，主要作品有住吉的长屋、光之教堂等。安藤忠雄认为他置身建筑世界学习到的属于自己的人生观就是：光与影。他说："建筑的故事必然伴随着光和影两种侧面。人生亦然。有光明的日子，背后就必然有艰苦、阴霾的日子。"

也不止是工作室，也能够陪伴他们走过一段生命的历程，并且留下痕迹。我和他们说了我的设想。

黄老师说：能够被观察、被记录，惊喜而兴奋，但是又忐忑，因为自己很平凡，乏善可陈。

丁老师说：平凡的人更能让人感同身受，产生共鸣。

王老师说：很少有人能够听他们的声音，一线老师会认同他们的讲述。

陈老师说：会是很有趣的经历，激动，很乐意参与，很少有人写关于一线老师的书，有人愿意写这样的书，她能够还在这么年轻的时候就有机会在其中袒露自己，也照见和审视自己，太幸运了。

潘老师说：十几年的蹉跎、忙碌，终于等到这样一个遇见，但是她还在困惑到底要不要继续当老师，不知道自己到底想干什么。

张老师说：没有什么顾虑，没有过这样的经历，没有想过会被写进一本书里，世界因多样而美丽，所有人都是这个多样化世界的贡献者，他们也是，也会有他们的贡献。

……

我开始聆听他们的讲述。他们说起一直没有编制但是一直都在很努力地工作的也是老师的母亲，年轻的时候很漂亮但是骤然老去的母亲，父亲走了，从父亲走的那一刹那人生开始有了烦恼，亲人离去的遗憾，不能好好告别的遗憾，永远的遗憾，泣不成声。他们的压力、迷茫、疼痛、软弱，以及对自己的鼓励。他们对恋爱、婚姻、家庭的理解。他们对学生的感情，以及学生给予他们的力量。他们的满足。他们的喜悦。他们对课堂、教学以及职业的思索。他们的渴望。他们的信念。他们对生与死的看待。他们对人生的期许。他们也会说，这也可以说吗，这也能说吗，是不是说太多了，我有的经历大家也都有，没有什么特别，写出来真的有人愿意看吗。真实。朴素。良善。既有坦率，也有小心……他们让我对老师以及这个职业有了重新的认识，激荡起我此前对它有过的沉淀与思索，并且有新鲜的发现。他们也让我对个体的人与生命有了更多的看见与触及，平息了我潜藏的患得患失，以及骄傲与虚荣，让我的内心得到很久也没有过的平静与安详，而且得到净化与升华。

我的第一本书《始终——对教育及人生的一份心

意》①(以下简称《始终》)出版的时候,一位有过很多著书经历的师友对我说,他出过很多书,但是没有一本能够做得像《始终》这样的书,他很羡慕我能够遇到很好的编辑。刘灿和池春燕两位老师就是《始终》的编辑,我们从此也结下了深厚的情谊,彼此一直都有很多惦念与勉励。《始终》以后,我又走过了很多路,完成了三部长篇小说,我为此有过很多孤独又艰巨的承受,也经历生命的熬炼,似乎经过粉碎与焚烧,又得到重建与新生,也领略到了生命的丰盛。我在写作《始终》的时候,女儿才从幼儿园毕业,将要进入小学学习,如今她已经是高三的学生,时间以不可逆转的方式掠过我们的生命。时隔十年,我和池春燕老师也才开始了新的交织,一起探讨六个老师包含的启示与安排,记录他们的意义、价值与使命,以及为什么是这六个老师,只能是这六个老师吗……彼此反复地碰撞与激发,很多漫长的电话,很多不知不觉已经深沉的夜晚,池老师还专程来杭州一起更深度地交流,也有各执己

---

① 《始终——对教育及人生的一份心意》,2013年1月由教育科学出版社出版,入选中国教育报2013年度"教师喜爱的100本书"。全书提倡符合本意的教育动念,探讨自然、精神格局、教师、学校、教学、童年等之间的关系,以及它们之于教育、之于人的影响和意义,解释了"自始,至终"的教育心意和价值态度,从教育的角度关切人性和信仰的问题。

见，但是言无不尽，真诚坦荡，直至《为人师》的构想越来越成熟。刘灿老师得知《为人师》的选题以后，尤其期待，他一直都在期待我能够回来再写有关教育的书。他们一直都在等待我。

我让自己沉淀了一些时间，然后开始了《为人师》的写作。

我在做真正值得去做的事情。

也是我应该去做的事情。

它不是偶然的。

我走过的所有的路。我到达过的所有的地方。我所有过的取舍与得失。我读过的每一本书，聆听过的每一段音乐，看过的每一部电影，逢遇过的每一座建筑。我际遇过的每一个人。我写下的每一个文字。我的每一个梦境。我对自己以及雄辩的现实的每一次凝视。我所有经历的岁月，时间，大地，穹宇，一切，所有……都把我带领到了它的面前。它有它的指引。

第一章

我是谁

我们来到这个世界上的目的
不是为了发现自己
而是为了找回自己
并且认识：我是谁

你是哪里人
喜欢杭州吗
还有更喜欢的城市吗
如果让你来回答"我是谁"
会有哪些关键词
你了解自己吗
对自己最肯定或满意的是什么

所有不开心的事情
我都有能力让你觉得没有什么大不了
我是王老师

　　我是杭州人,我没有离开过杭州,我的大学也是在杭州读的,我从来没有厌倦过杭州,永远都不会厌倦。我每个月都要到西湖边去,以前都走路,现在妈妈年纪大了,就带她一起坐观光车。湖水,游船,安静的老房子,哪里有很大的树,哪里有更大的树,每一座山,都已经很熟悉,不知道看过多少次,每一次又都好像是第一次看。荷花开放的时候,西湖更加美不胜收,就会去了又去,今天到曲院风荷喝茶,明天又去坐摇橹船。杭州的山都很有灵气,我最喜欢去灵隐寺那边爬山,每次都很早出发,不用很着急地爬山,也不觉得累,山上的树木也很有灵气,似乎能懂得人心,也能与人对话,爬山也不止是爬山,也是在和自然一起呼吸,心旷神怡。从山上下来,就近吃个饭,也不用着急,光线在变化,云朵在游移,鸟在跳跃,风渐渐地平静了,好像自己也是风景的一部分……杭州唯一不好的就是车太多了。我读大学的时候,老师还可以带着我们在马路边跑八百米。我更小的时候,上学,到同学家里,都是走路。现在就不行了,路上都是车,到哪里都堵,走路也不安全,能够让人走的路也越来越少了,都被越来越多的汽车侵占了。

我养了很多植物:朱顶红、铁线莲、月季、杜鹃、橘子、石榴、柠檬、枇杷,也有蔬菜……它们让我特别平静,而且快乐。我原来最喜欢朱顶红和铁线莲,因为它们比较稀有,很少有人种植。我现在却越来越喜欢杜鹃,杜鹃一年四季都会开花,一个植株能有上百个花苞,开放起来尤其热烈,而且不同国家的品种很不一样,各有自己的特点,让人很有琢磨的兴味。我也交了很多花友,世界各地都有,有的也成了可以畅所欲言、开诚布公的挚友,一个日本的花友因为感谢我在一些教育问题上的建议与解答,每年都会给我寄很大一箱珍贵品种的柿饼。但是,我不养动物。植物的死亡是一种凋零,它会孕育重新的生长,也可以有别的植株替代,动物就不能替代,它的眼神、举动、躯体、声息都有情感的流淌,情感一旦终止、割裂、消亡,就会让人难以接受,就会有情感上的痛苦。

为了避免痛苦,我也没有要孩子。我是独生子女,但是我从小就很独立。爸爸妈妈工作都很忙,我十几岁得了肺炎,就是自己一个人到医院挂盐水。我结婚也迟,结婚不久,爸爸生病了,我对于生一个孩子的愿望也就没有那么迫切。后来,爸爸走了,我经历巨大的打击,几乎一夜白头,不得不接受一个人是会突然离开你的……这以后就没有要孩子,因为我不想承受有朝一日与孩子生离死别的残酷与痛苦。我不是不喜欢孩子,我对侄女、侄子都很喜欢,很愿意为他们付出,我对学生也很有耐心,而且喜欢和他们在一起。我是一个比较坚定的人,既然做出选择,就不会动摇,有的长辈也会给我很大的压力,但是不会改变我的决定。我的先生是个很难得的人,他能理解我,并且尊重我,他也没有觉得人生必须要有一个孩子才算是完整的。

我对爸爸妈妈都很孝顺。爸爸生病三年,住院三年,没有吃过一顿医院里的饭,除了最后两个月请过保姆,其他时间都是我在照顾。爸爸病房里有一个大学的教授,有好几个孩子,但是和我爸爸一起住院的四个多月里,没有看到一个孩子来过，每次他想要吃什么，都跟我爸爸说你女儿什么时候过来，给我也一起买一点……爸爸走了以后，妈妈和我们一起住，家里的事情都是我承担，都不要她操心。妈妈是事业狂，七十多岁了还在上班，还是一个市场的总经理，她上班也不是为了钱，而是可以避免太过于思念爸爸以及生活的寂寞。我像管小孩一样管着妈妈，她吃一根冰棒都要我批准，每天早上我也都会把水果准备好，让她带到单位。妈妈给家里积累了相对充裕的资产，我的生活态度也就比较松弛，不会钻到钱眼里，物质上没有过多的欲望，也就能够很单纯地工作。

我总体上是一个很乐观的人，所有不开心的事情，都觉得没有什么大不了。我还很会鼓动人，家长都说：王老师，你不应该做班主任，你应该做销售，一定能把商品卖得很火爆……别的老师都跟学生讲道理，我却最喜欢跟学生讲我去过的地方、吃过的食物，以及我的经历。春游与秋游的时候，不管到什么景点，我都能巨细靡遗地给他们讲解，他们惊讶老师怎么知道这么多，就很愿意听我的话。家长一开始会有意见，说午间谈话的时候，别的班的学生都在做作业，你怎么还在给他们说小笼包，但是到后来都会认同我。也很少有人会像我一样喜欢当班主任，我工作了二十多年，一直就是班主任。我是王老师。

我对自己的认知很模糊
我到现在都不知道自己到底想干什么
我是潘老师

我的祖籍是温州。我在云南出生。我又在杭州长大。我也在东北生活过。我的爸爸妈妈是做生意的,带着我到处跑,去过很多地方,后来觉得杭州好,就留在了杭州。我喜欢杭州,我大部分的生活都在杭州度过,对杭州的感情比其他地方更深。我小时候在温州老家生活过两年,都是外婆带的,我对外婆的感情很深,那是我生命中最自由的一段时光。

村里有一条小溪,我很迷恋它,它太好看了:溪水清亮,不知道是从哪里流出来的,远远看去有一块大石头,那时候我觉得那可能是世界上最大的石头了。小溪平时很安静,但雨后水面就会暴涨,有时候也很凶猛。我会到小溪里游泳,有一次被溪水冲走了,结果有人用一块块石头把溪水拦起来抓鱼,也把我拦住了。外婆总会到小溪边洗杀好的鸭子,外婆说谁要是吃了鸭胆,胆子就会大,于是我就吃了很多鸭胆,但是胆子也没有多大。等我长大以后再回去,村庄的路边造了很多房子,都用小溪里挖的石头,小溪就像沼泽,被破坏得一塌糊涂,很可惜,而过去的那块大石头虽然还在,但看起来却太小了,完全没有记忆中的庞大。

小溪上有一座石桥,看起来很古老,也很漂亮。桥的一头是走出村子的一条路,另一头是一个没有人看管的小庙。那时候,爸爸妈妈都在很远的地方,我如果得到他们要回来的消息,就会在桥头等,期待能够快点看到他们。也许是怕我太孤单,妈妈每次回来都会给我带娃娃,我就有很多娃娃,每天我都带着娃娃去上幼儿园,不同的娃娃换着带,书包里什么也没有,连支笔都没有,就只有娃娃。我经常一个人在家里,家里有煤炉,我看到大人给没穿衣服的婴儿洗澡,我也给一个塑料的娃娃洗澡,洗了以后放在煤炉上烤,娃娃就被烤瘪了。爸爸妈妈不在身边还是不一样,舅妈很不喜欢我的这些娃娃,把它们全都烧了，我就很委屈。我受委屈的时候就会到桥上去期盼些什么，但是什么也期盼不到。

外婆家的后面住着一个老奶奶，不知道为什么对每个人都很凶狠。我和村里别的小孩一起打了耳洞，耳垂上扣了一个重重的金龟子耳钉，老奶奶看见了，说我的耳钉没有扣牢，使劲地捏我的耳朵，以致流了很多血，外婆很生气。外婆家有一只很聪明的鹅，看见我们会很开心地嘎嘎叫，它就像是一只狗，也能负责看家，要是有人经过，它会凶猛地嘎嘎叫，而且会扑过去，经过的人就会害怕，结果也被老奶奶一棍子打死了，外婆觉得很可惜，在我记忆中再也没有见过那么聪明的动物。

外婆什么都由着我们，给我们最大的自由。我们可以尽情地到山上捡野果子，可以吃刚刚打好的年糕，可以在菜地里圈出脸盆大小的一块地种菜。冬天，外婆会把干净的雪收起来藏在罐子里，到了夏天，外婆就会把它拿出来让我们喝，说这是冬天的雪水……我有个小伙伴，是外婆家隔壁的一个小女孩，她是领养的，家里有好吃的都不会给她吃，她就会拉着我一起偷偷地吃她家里的东西……我这样自由自在地生活了大概有两年，后来，爸爸妈妈要到山东去，要把我一起带走，我舍不得离开外婆，一路上哭得撕心裂肺。

也许因为年幼的时候太自由了。

我的想法会很奇特。

我也就成了一个现实和想象有点分不清楚的小孩。

上小学的时候，学校组织学生去动物园，我看着关在笼子里的老虎，感觉它已经跑出来了，连忙叫旁边的同学一起到假山上看老虎，结果什么也没有看到，班长就在大家面前说：你就是骗人，就是在撒谎……我其实是分不清楚什么才是真实的，什么才是想象出来的。等我自己有了孩子以后，看一些育儿的书，知道了原来有的小孩也会这样，我发现我的儿子也是这样，想着想着就以为有些事情是真的了。

时至今日，我已经工作了十几年，已经是两个娃的妈妈，但我对自己的认知还是很模糊，到现在都不知道自己到底想干什么，定位非常不清晰。曾经也很想在教学上有点追求，却出于各种各样的原因错过很多赛课的机会，没有取得什么成绩。被安排到学校的中层岗位以后，对自己也没有规划，陷入看不到头的忙碌，整个人就像上紧发条的机器，又觉得做管理也不是自己的追求，离自己喜欢的课堂很远，不做班主任也好像少了点什么。反复纠结以后，放弃一切，重新做班主任，又发现自己还是太幼稚了，一把年纪还被学生搞得焦头烂额，用了很长时间调整,很久没有做班主任了,也怕自己做不好,每天胆战心惊……另外,要管好两个娃也不容易,女儿一年级,儿子中班,每天早上叫他们起床的时候,一个不声不响地赖着,一个一定要我抱,有时候赶着去上班,要把儿子送到另一个姐姐家,他就不肯,就像树袋熊一样挂在我身上。我以前还会为自己喜欢的东西挣扎,现在为了家庭放弃了很多,也许最后也就随波逐流了。

儿子问我:妈妈,你相信世界上有光吗?

我还是相信世界上必定有光。

我是潘老师。

**我是我自己
我也不仅是我自己
我是陈老师**

  我是金华磐安人,但是我很小就到杭州来了,对于故土的记忆非常模糊,所有能记得的事情都是从杭州开始的。我很喜欢杭州,而且越来越喜欢。我以前对杭州还没有太多的感觉,每天置身其中,朝夕之间都能够看到它的花草树木,也会去爬爬山,对一切似乎也就熟视无睹了。而当我到别的地方读大学,到了九月,发现那里没有桂花香,就觉得少了点什么,很想念杭州的桂花,突然也就很想念杭州。也许只有当你离开一个地方的时候,才会发现它的光芒,它在你生命中占据的地位,你对它的情感,以及它对你的萦绕。

我喜欢看书,只要有空余的时间就爱看书,看书也是和自己对话的过程,能够洗涤自己,也能够充盈自己。我喜欢匈牙利作家马洛伊·山多尔①的《烛烬》:一个男人和四十一年以前的一个朋友秉烛对坐,彻夜长谈,探究一个事实与真相,男人和朋友曾经是生死之交,可是朋友和他的妻子暧昧不清,还企图谋杀他,男人追问背叛与谋杀是不是真实的,是为了什么,他们谈完了,天也就亮了,它更像是一场漫长的喟叹。我很喜欢工作室给我们买的书②,不是每个人都能读到那些书,不仅是人在挑书,书也在挑人。我已经看完了《建筑家安藤忠雄》,它告诉我们要像野草一样去生长,一个人要是有韧性地一直走,不停地走,哪怕很难走,也会收获自己想要的收获。我看书以后,都要把喜欢的词句抄下来,以前抄在笔记本上,现

---

① 马洛伊·山多尔,美籍匈牙利小说家、诗人和剧作家,诺贝尔文学奖得主凯尔泰斯·伊姆莱称他为"匈牙利民族精神的哺育者"。《烛烬》为其代表作之一。

② 工作室给每位学员准备了詹姆斯·乔伊斯的《尤利西斯》、安德烈·塔可夫斯基的《雕刻时光》、阿摩司·奥兹的《爱与黑暗的故事》、黑泽明的《蛤蟆的油》、李娟的《遥远的向日葵地》,以及传记《T.S.艾略特传:不完美的一生》《建筑家安藤忠雄》等书籍。

在都录到电脑上，也能够更久地保存，如果哪本书没有做过抄录，我感觉就好像还没有读过一样。

我参加工作第三年了，在当老师以后才发现很多老师并不怎么爱看书，更爱的是写论文，只会看和教育教学有关的书，我不能理解这件事情，到现在也不理解。我们在大学里读教育学的时候，了解到的教育大家都不是这样的，他们都读过很多书，有广博的学识以及深厚的学养，他们才真正可以被称为老师。老师都要推荐学生读很多书，可是自己读过了吗？老师只是看与工作有关的书刊，对专业是有帮助，但是对人生能有多少意义？……我到现在也没有找到它的答案。

我有自己的好恶，不喜欢盲从，如果是自己认同的并且喜欢的事情，就会心甘情愿地去做，而且很有热情，如果是内心不认可的事情，就不做，或者对付着做，也许这也会让人头痛。我读书的时候就喜欢在书上做笔记，我也喜欢把教案写在课本上，不喜欢另外写在备课本上，学校检查教案的时候，我就拿出课本给他们看。我的教案虽然写在课本上，但是比很多人都更认真，可我还是被叫去谈话了，我告诉他们应该允许老师有按自己喜欢的方式备课的自由，但是没有被采纳。我还是一意孤行。我们都说学生要有个性，老师为什么就不能多元化？……很多人说，现在年轻人越来越难管了，可它其实是一个很好的现象，白岩松就说过，要认可这样的现象。我们是新的一代人，每一代人都有不同的特点与使命，我们从小接受的就是素质教育，我们现在的面貌不就是当初的教育所推崇的吗？大家为什么又要质疑教育的成果？每一代人都是在前人的肩膀上成长起来的，都应该超越前人，如果我培养的学生长大以后，还只是像我这样，那就很失败。

我从小是爷爷奶奶带大的，在来杭州以前都和他们一起生活，可是今年年初爷爷走了，给我很多触动，让我认识到这个世界上那些爱你的以及你爱的人是会永远离开你的，人的生命也会像一朵花、一片落叶一样消亡，很多珍贵的东西并不都能永恒，而且稍纵即逝。我以前在人生的排序里会把自己放在第一位，认为自己的感觉才最重要，可能越来越多的年轻人都会有这样的意识，但是我现在开始认识到，一个人不能仅仅做自己，还要照顾到家人、同事、领导等很多关系，我会把亲情放在更重要的位置。我在大家眼里还是懂事的，工作认真，能力比较出色，哪怕有些东西只是在敷衍着努力，但也还能让人满意。我的内心也有自己的抱负，我更想要当一个管理者，为我们的教育做出一些改变，如果我能够当一个教育局的局长，我就能够实实在在地去实施教育的方略，惠及老师、学生以及千家万户。它也许很难实现,只是我的一个梦想,但是一个人不能连梦想都没有,只不过我如果要有所成就,还要更加进退有度。

我是我自己。

我也不仅是我自己。

我是陈老师。

我正在了解自己的过程中
还没有完全了解自己
我是张老师

　　我是一个特教老师，我在特殊教育学校工作，今年是工作的第三年，我是河南人。高考的时候，很多同学都留在省内，我想去看海，就去了福建。毕业的时候，有的同学去了深圳，我想离家近一点，就想到杭州来试试。我参加了人生的第一次面试，抽签抽到第一个，但我还是比较放松的，没有过多担忧，还去逛超市，不紧不慢，直到晚上睡觉以前才在笔记本上捋了思路，还准备了两首歌。一起报名的有一百多个人，进入面试的有十几个人，很多人都会乐器，我什么乐器也不会，我也不知道评委当中就有校长，无知无畏，但是，我被录取了，我就留在了杭州，我很幸运。杭州的政策特别好，对外来的人很包容，我们学校就有来自各个地方的老师，都有统一安排的教工宿舍，新教师一来就有地方住，现在又有青年教师专项公租房，为年轻老师解决了生活上很大的问题……我喜欢杭州，它是一座美丽的城市，也是一座温暖的城市。

我喜欢美好的事物，我每天都在记录它们，我会把它们拍下来，随时随地地拍。我最喜欢西湖，周末想出去的时候就会去西湖，每次去都有不一样的美。我经常自己一个人在湖边走，走走停停，看日落、跳跃的松鼠、安详的鸽子、浮动的野鸭、来来往往的人，拍人怎么和光在一起。我在家里的时候喜欢拍爸爸妈妈做饭，我的姨妈和姨父在嘉兴，我到杭州以后，只要放假就会到他们那儿，也喜欢拍他们，经常拍他们的手的特写。姨父做饭特别好吃，有时候也会包饺子，我就把那双在包饺子的手拍下来，特别好看。我的裤子太大，姨妈就会拿起针线改小，我的皮鞋鞋底太硬，姨妈马上就给我做鞋垫，姨妈的那双手总有"临行密密缝"的感觉，我也把它拍下来。很多美好的事物都是很快的，转瞬即逝，日落不是缓慢的，而是会像疾风一样迅速，飞过去的鸟，变化的光线，忽然看到的猫，两个人并肩走过去，在柔和的夕阳之中，一个爸爸从地铁口出来,一个小女孩奔跑过去,特别美好,但是我都没来得及拍下来……很多美好的事物仅仅眼睛看到还不能满足,但是很多也都抓不住。

我也喜欢一切清洁的事物。周末,如果不去西湖,就会在宿舍整理房间,需要很多时间整理,一边整理一边听喜欢的音乐,整理得特别细致:书要从高到低摆放,有的又要从低到高摆放,衣柜里的衣服都要齐齐整整,床单不能有一丝褶皱,靠枕的角度不能有偏倚,不能有掉落的头发丝,什么都不能有多余,时间随着音乐颤动、流淌,直到所有的东西都整理好了,才会觉得舒服,就像有强迫症……我经常洗手,做一顿饭的每个过程都要洗手,很频繁地洗手。清洁,就像是我与生俱来的能力,甚至就像是我的一种信仰。

我看起来有很明显的变化,是因为做过手术,就是这个暑假做的手术。在我十二岁的时候,我走在路上,一切都和往常没有什么不一样,一辆车开过来,撞到了我,那时候就做过手术,但是还有一部分手术要长大以后才能做。一个人越是长大反而会越胆小,也越容易哭,我小时候做手术,没有全麻,没有害怕,也不哭,这次手术却很害怕,不敢想象手术的画面,要把我的脑袋打开,要把定做的一块东西放进去,再缝起来,手术以后我还哭了。我有一个弟弟，十一岁，爸爸要在家里管弟弟，手术的时候就都是妈妈在陪我。我和弟弟关系很好，不会有什么矛盾，弟弟也特别黏我，就连我上厕所也要在门口蹲着等我，但是我其实想要有一个哥哥，我也想被人照顾。我现在的头发是假发，手术的时候头发都剃了，现在戴隐形眼镜，所以我看起变化就比较大。

我最近一年才有了要关注自己的意识。之前从来没有关注过自己，太不关注自己了。我的善良以及共情的能力几乎有些泛滥，我在和人的相处中，更多会考虑别人的感受，在恋爱中也特别关注对方，容易忽略自己。我个子小，比较灵活，以前跑八百米都冲在很前面，还可以拉着跑不动的人跑。我的人生态度很积极，很多人说我就像小太阳，能给别人带来快乐和温暖。我不是自己选择特殊教育的，是被调剂的，开始的时候我不知道什么是特殊教育，了解以后也就接受了，觉得非常有意义，所有的亲人也都很支持，妈妈也说我的性格很适合。但是，我现在也正在了解自己的过程中，还没有完全了解自己。我是张老师。

我是一朵小浪花
不知从哪里来
也不知要到哪里去
我是黄老师

我是金华永康人,读的西北师范大学,也许因为我是为数不多的男老师,到杭州来面试的第一所学校就把我录取了,面试的过程流畅得不可思议。我很小的时候,跟着爸爸妈妈来过杭州,坐绿皮火车,坐了很久很久,好像要到没有尽头的地方,我看到了钱塘江,第一次看到那么壮阔的江水,非常震撼,第一次看到了六和塔,但我以为它是雷峰塔,猜想它是不是真的镇压着千年的蛇妖。我就要读初中的时候,又一次来到杭州,跟着黑压压的人群走出火车站，看到无数闪烁的霓虹灯，第一次感受到大都市的气息，觉得书本里描写的大都市就是这样的。我读大学的时候，爸爸妈妈在临平买了房子，虽然离杭州市区还有一些距离，但也算把家搬到杭州来了，至此，我对杭州的印象都还是轻的、浅的、笼统的。工作以后，我开始与杭州朝夕相处，对它的认知也逐渐具体起来，它的春天和秋天都很短暂，夏天却很漫长，而且炎热，冬天又很寒冷，它不止有浪漫、旖旎、温和，它也有它的粗粝，它在变得越来越庞大，它不休不止地在造很多房子，它让人最有压力的也就是它的房价。

我还没有真正在杭州扎根，我既想留在杭州，又觉得很有压力。爸爸妈妈一直在催我看房子，我都一拖再拖，首付不是不能承受，但是要把爸爸妈妈的钱包都掏空，也觉得过意不去，要全靠我自己又很难。以我们学校的地段，就近的买不起，远的上下班通勤又太累，有的同事住得很远，早上五点就要从家里出发，回家也都要很晚了，对人也是很大的消磨。这是很多从外地来到杭州的年轻人都要面对的问题，无法回避，怎么都离不开这个话题，怎么都还是需要有一个房子能够居住下来。我现在尽可能地积攒钱，学校的很多老师都拖家带口，下班以后急着回家，我就把学校的基础晚托班基本都承包了，他们需要时间,我需要钱,但也是杯水车薪。我不出去玩,天天就蹲在杭州,把花销压缩到最低限度,除了学校组织教职工暑期疗休养的时候出去,其他时间哪里都不去,很多老师到了暑假会去旅游,去遥远的西藏、新疆,出国,我也很羡慕,但我想这些事情还是留到以后去实现吧。我也希望见识祖国的大好河山,但我都选择线上见识。虽然图片、影像以及只言片语的描述与亲眼看见不能比拟,然而,人的神奇也在于具有丰富的感知、感受与感悟,文字能够带给我无穷的想象,一张图片也会让我受到灵魂的撞击,心生向往……不过,人还是需要出去走走,否则也会变得狭隘。现在是我工作的第三年,我发现自己已经在变得啰唆,婆婆妈妈,不干脆,看到教室的垃圾袋,就会想怎么没有人倒垃圾,以前不会关注这些事情,一个人只是局限在单一的环境里是很可怕的。疗休养的时候,去到海边的一座不是很大的城市,那里的房价以及节奏都比杭州更适合生活,看着大海宽广深邃,海潮起起落落,鸥鸟高飞,我也感慨是不是可以选择到那样的地方去生活,我不知道国外的人是不是真的那么自由,可以自由自在地想去哪里就去哪里,还是也有我们这样的困境……无论如何,我都要尽量让爸爸妈妈的压力轻一点,我现在的目标也就是买房、定居,期盼房价能够降下来。

我最大的痛苦，是没有什么拿得出手的东西。我不是一个敏感的人，老师们说食堂的饭不好吃，或者说好吃，我都觉得差不多，我也没有一定要到哪里去，感觉去过的一些城市也都没有多大的分别，我对很多事物都不够敏锐。我的学习能力还行，但也没有达到自己的预期，本来想继续读博，可是没有成功。我比较安静，喜欢看书，但还是容易被各种各样的事物扰乱，欠缺毅力与耐心，计划暑假要看完工作室发的书，也没有看完，很崇拜安藤忠雄与坂本龙一那样的境界，又苦恼于自己根本达不到。我会思考，但仅仅停留于思考，没有能力真正去改变什么。我目前的工作也乏善可陈，看不到成就感在哪里，没有什么说得出口的自信……尽管如此，我也有自知之明，我对现在的状态很知足，至少有稳定的工作，很多人还朝不保夕，我要知道自己不是天才，就是普通人。

我就是滚滚时代浪潮里根本不起眼的一朵小浪花，不知从哪里来，也不知要到哪里去，最终也会汇入滔滔的江河。只是在其中我也会有自己的作用，也会有自己的形态，也会推动其他小浪花，也可能会遇到形态相近的小浪花，一起结伴而行。我就算想要停留在哪里，也会被其他浪花推着走，身不由己。我也是一朵扮演着不同角色的浪花：作为子女，我要能够安定下来，让爸爸妈妈放心；作为老师，我要带着很多小浪花奔流，为他们负责，让他们不致偏离方向。我就是这样一朵茫茫滔流之中的小浪花，有时欢快，有时左顾右盼，有时忐忑地起伏，有时也会畏怯，茫茫地奔向未知的前方。我是黄老师。

我非常喜欢大城市
很感谢妈妈把我带到杭州来
我是丁老师

我是丽水缙云人，小学三年级的时候就到杭州来了，在那以前都在老家生活，我还有那时候的很多记忆。幼儿园的时候，妈妈给我剪了非常短的头发，说看起来干净利索，但是小朋友会嘲笑我到底是男生还是女生，我也认为女孩子就要留长长的头发，穿漂亮的裙子，于是就非常抗拒去幼儿园，每天到幼儿园门口就想回家。幼儿园学拼音，可是我的接受能力大概不是很好，每天老师检查的时候都读不出来，老师说妈妈还是小学语文老师，为什么不会读拼音，于是妈妈教了我几天，我也就能得到老师的表扬了。小学的教室非常拥挤，一个班级大概有六七十个学生，不是一个人一张桌子，而是很长的桌子，有的桌子几乎就要挤出教室了，但是操场很大，下课可以欢畅地跳牛皮筋，还可以跑到很远的地方去玩，一切和来到杭州以后有很大的差别……来到杭州以后，过去生长的地方就像完成了对我的使命，渐渐从我的生命中退出，越退越远，越来越淡化，也就成了一种记忆。

我的爸爸妈妈都是中师生，都是老师。爸爸在离县城很远的地方教书，什么学科都教，每天骑摩托车往返，我只要听到引擎的声音就能判断出是爸爸回来了，直到现在我还是能从细微的声响中判断出那是不是爸爸。那时候，家里在忙着装修，现在想起来还是一段比较艰难的岁月，但在当时却也非常充实，并不觉得辛苦。我的小姨在杭州的医院工作，她们家小区隔壁开了一所新的学校，小姨让妈妈给学校递了简历，妈妈就带着我先来到了杭州。学校到小姨家很方便，外公外婆也住在小姨家，我们有段时间也住在小姨家，住到学校提供的宿舍以后，吃饭还是到小姨家一起吃，并不会觉得孤单。爸爸对于要不要来杭州有过犹豫，爸爸在那时已经是学校的副校长，又挂职农村的书记，如果继续坚持，应该会有比较好的发展，但是考虑妈妈一个人带着我太辛苦，两年以后，爸爸还是到杭州来了，就在学校教体育和书法。来了以后爸爸就准备买房子，爸爸想买地段更好但是也更贵的房子，可是妈妈不想生活过得太辛苦，还是买了比较远的也相对便宜的房子，后来他们都比较后悔当初的选择。

我非常喜欢大城市，到了杭州以后，不但没有不适应，还很喜欢。我跟着小姨和小姨父坐公交车，趴在车窗上一站一站地看整个城市，好像来到了一个不会有尽头的地方，它就像一个没有边际的神秘星球。小姨和小姨父带我去了一个超市，我从来没有见过那么大的超市，好像那是商品的海洋，永远取之不尽。他们又带我去拍大头贴。一切，所有，都很新奇，都让我惊叹。一直到现在，我去过了很多地方，但也还是最喜欢杭州：它有很多高楼大厦，物质充沛，但也鸟语花香，还有西湖，节奏也很舒适，我读大学的时候有一年在美国威斯康星交换学习，那里的节奏很舒缓，给我一种和杭州相似的感觉……原来爸爸妈妈假期都会回老家看爷爷奶奶，但是爷爷走了以后，奶奶也到杭州来了，爸爸也就不太回去了，因为想到爷爷就不免伤悲。我对老家却没有眷恋，每次回去住一两天还好，时间长了就不行，每次接近老家，看到越来越多的山，我也并不喜欢。到杭州来以前，一起玩的小伙伴对我说："你就要到大城市去了。"而她现在还是就待在那里，看到最多的除了山还是只有山，不能到更远的地方，不能看到更大的世界。我很感谢妈妈把我带到杭州来。

不同的地域就像不同的宇宙。

妈妈是把我带到了不同的宇宙。

我的爸爸看起来比较强壮，不太会表露情感，但是内心柔软。妈妈现在是一个学校的校长，她把自己都奉献给了学校，所有的心思都投入在工作上，生活上完全依赖爸爸，爸爸就很操心。我在威斯康星交换学习的一年，妈妈很少给我打电话，她信任我，爸爸就会给我打很多电话。爸爸有洁癖，看到我们掉在地上的头发以及很多的化妆品，就会很懊恼，但我要是不在家，他又会惦念说好久没有回来了。我做过人格结构测试，说我是一个热情、有创造力、爱社交、自由自在的人，最适合的职业就是：教师。我就要结婚了，我的未婚夫也做过相同的测试，结果和我完全不一样，我们就像是两种人格的人：我喜欢买好看的花里胡哨的东西，他只买实用的东西；我喜欢看展览，他不感兴趣；我会大半夜去西湖边爬山看日出，他就回家睡觉了；我容易着急，他情绪稳定……他和我爸爸测试的结果一模一样，我是不是找了一个和爸爸一样的人？

我会非常真诚地对待周围的每个人，很能换位思考，能够看到别人好的方面，好像没有遇到过让我特别讨厌的人。我未来的婆婆非常好奇我喜欢他儿子什么。他也是一个很真诚的人，没有任何心机，坦率，还很孩子气，但很有趣，我们在一起有说不完的话，永远不会冷场。他也能接受最真实的我，我在他面前没有任何负担。他长得高，让我有安全感，我着急的时候，他会心平气和地说：着急没有用，要想办法一起解决……我常常提醒自己，不要好为人师，不要教别人做事，教小朋友习惯了，说话之前要思考一下，千万不要说教，但是有时候还是无法避免。参加工作第四年了，我和家长没有发生过很大的冲突，家长对我比较信任，我跟他们交流的时候会字斟句酌，尽量不让他们觉得不适，有时候也蛮累的。我是丁老师。

第二章

遇见你

人生就像一团短暂冒出的蒸汽
很快就会随风飘散
我们至少要让它成为飘浮在天堂高度的云朵
有的人仅仅遇见
就能让你更像是
飘浮在天堂高度的云朵

怎么会成为老师
谁
或者什么
影响过你的选择

王老师

我像外婆
喜欢说话
教师这个职业
让我很满足

我选择当老师也是随遇而安。我的一个大表姐是幼儿园老师,她工作的状态一直都比较愉悦,让我对这个职业有亲近感。我的爸爸妈妈也对我说,家里不要我干什么,对我没有过高的要求,做个老师不是很好吗,工作环境相对比较简单。我大学读的是数学系,工作以后却教了语文,我也教得很快乐。当了老师以后发现,这个职业让我很满足，因为我喜欢说话，很少有职业可以像老师一样能够说这么多话。

我喜欢说话。

是因为我像外婆。

我在上初中以前都跟着外婆一起生活。妈妈生了我以后才去读的大学，爸爸在部队，就把我交给外婆带。我出生的那年外婆正好退休，就是外婆一手把我带大的。外婆很早就不在了，但是直到现在我还是很清晰地记得她的样貌，浓眉大眼，头发全白了，从我有记忆起，她的头发就是全白的。外婆工作的时候是市里的劳动模范，很是热心肠，受人尊重，也不怕得罪人，退休以后就当了居委会主任，我从小就跟着外婆在居委会长大。外婆对我很纵容，我很挑食，不喜欢吃的东西一口也不肯吃，威逼利诱都没有用，就是外婆宠出来的，只要我不喜欢吃的菜，外婆就不做，就没有机会上餐桌。我不想上学的时候，外婆会给我请假，会带我到外面玩，或者让我在家里看电视，更多时候我就跟着外婆到居委会。外婆要调解很多纠纷：婆媳吵架，夫妻闹矛盾，邻居为了鸡毛蒜皮的事情相互指责，楼上楼下互不相让的，都要劝告；婆婆过分欺负媳妇，妻子对丈夫过分凶悍，不讲道理的，也要骂几句……很多老人每天都会准时地到居委会来读报纸，下棋，说些家长里短，家里临时有急事，小孩没有人管，也会放到居委会来。外婆跟谁都能说话，有时一个人就能说半天，能把人说哭了，又能把人说笑了，有时候声音高，有时候声音低，有时候趴着耳朵窃窃私语，有起有伏，有转折，有前后呼应，就像在唱歌，每天都要说很多话，每天都在不停说话中度过。我就坐在一边嗑瓜子、吃花生，看着人来人往，看着他们吵吵闹闹，觉得比幼儿园好玩多了。妈妈发现以后，就不允许外婆再偷偷地给我请假，可是，我已经学会了像外婆一样爱说话，它也成了我的一个特长。

　　我当了老师以后，就是喜欢当班主任，最喜欢调解学生之间的各种矛盾：谁拿了谁的橡皮，谁撞了谁，谁把谁绊倒了，谁先打了谁，谁说了谁的坏话，为什么，怎么回事，起因，经过，结果，其中的教训……任课老师不愿意解决的、解决不了的，我都很愿意去解决，而且都能够清晰又公允地追溯与分析，让每一方都服帖，而我自己也乐在其中。不过，我刚刚工作的时候，以为自己能够做一个拯救者，现在越来越觉得自己更应该做好一个倾听者。每个学生的情况都不一样：有的家里有一个弟弟，重男轻女，有很多苦恼；有的爸爸会赌博，欠了很多债；有的爸爸妈妈是离婚的；有的爸爸妈妈只是生下了他，就没有在一起生活过……这样一些家庭的孩子，你的一己之力不可能改变他们的现状，他们往往会有很多悲观、消极、低落的想法，没有表达的机会，也没有人听他们说，我能够让他们打开心门，让他们有地方倾诉，能够有一些潜移默化的影响，就已经很不容易了。

  一个老师也许拯救不了谁，但是可以让自己尽可能地有一些积极的影响。我所能做的也许是琐碎的、麻烦的、啰唆的、平淡的，不足挂齿，看不到立竿见影的效果，也不值得歌颂与赞美，但是它们能让人感受到温暖。这也是外婆对我的影响。如果我在自己的岗位上，虽然普普通通，但是，也能够像外婆一样予人温暖，那也是我对外婆最好的思念。

潘老师

小学时候的班主任
对我影响很大
我当时略微萌发想要当老师的愿望
就是被她吸引的

我小学时候的班主任，是一个女老师，她是学校唯一一个从别的省来的老师，刚从学校毕业走上讲台，很有工作的激情。她还是学校的大队辅导员，虽然我们的学校很小，但是她很会为学生考虑，组织了很多活动，还给学校成立了腰鼓队，每天一早就带着我们练腰鼓。那时候，杭州的道路有的坑坑洼洼，她就带我们去找碎石头填路上的坑，那是一个很大的三岔路口，要是现在肯定会有很多安全的顾虑，而她很大胆，也很有勇气。她是一个感情很丰富的人，在给我们上《十里长街送总理》的时候，自己哭了，泪流满面。她对我的影响很大，我当时略微萌发想要做老师的愿望，就是被她吸引的，我想如果以后能成为这样的老师也很好，我一直都很喜欢她。

我小时候太过于自由，爸爸妈妈对我的要求不高，学习就不是很用心，没有很强的内驱力，甚至有些偷懒，但还是很喜欢语文课，成绩也还可以，可不是很稳定，偶尔会凭借自己的小聪明得到这位老师的表扬，老师也还算喜欢我。然而，发生了一件事情，我至今也不曾忘却。那是刚刚开始学习写作文的时候，老师布置了一个题目，让我们周末提前写。我完全不知道该怎么写作文，家里有很多书，我就找了一本作文书，抄了其中一篇高年级同学的作文。老师并没有打算让我们写很多字，只给我们发了很大方格的一页纸，可是我抄的作文字数很多，我只有在一个方格里写好几个字，才抄完了。作文交上去以后，老师发现有好几个同学都是抄的，发了很大的脾气，一个男同学都吓哭了，全班同学都很害怕，而我却没有被发现，也许老师以为我的能力和我抄的那篇作文没有很大的差距，我也就侥幸蒙蔽了老师。那一刻我就发誓：以后每一次的作文我都要写得很好，才不会被老师识破。很久以后，一个学习很好的同学告诉我，他在作文书上看到过我抄的文章，这让我又一次警醒：我以后的作文必须保持抄的水平，才不会被识破。我一直不清楚老师到底知不知道我当时的作文也是抄的，只要想起来就很愧疚，以后每一次写作文也就都很用心。

我的成绩忽上忽下，不算很好，也就是个中等生，但是老师还是给了我很多机会。学校有奖学金，要学习很好的同学才能争取得到，老师也把它颁给过我。学校会让优秀的学生担任校长助理，老师也推荐过我，我却只知道享受佩戴着绶带的自豪，满操场地跑来跑去，也不知道自己该干什么。我画画还不错，老师选我出黑板报，也让我参加画画比赛，并且请美术老师单独指导，而我不知道美术老师就在学校等我，傻傻在老师家门口等了很久……我就是一个不是很搞得清楚状况的学生，老师还是一次次地把机会给我，一直鼓励我，给我温暖。等我自己当老师以后，我也认识到一些很优秀的学生并不缺乏机会，而一些中等的学生往往会被忽视，他们更需要老师的关注与重视。

人的一生中会有很多人进入你的生命，也会遇到许许多多的老师，但是只有这个老师在我的生命中是最独特的，意义非凡。她身上有一种不被世俗化的气息，一直都对我有影响。一次，老师生病了，我和几个要好的同学一起去看她，走路到她家，路很远，走了很久，走走又会停下来给老师买东西，那也是我第一次也是唯一一次到老师家里看望老师。小学毕业以后，我和老师失去了联系，直到我参加工作以后，又和老师重新联系上了。我那时候想不好要走怎样的一条路，对于未来的人生很迷茫，就去找她诉说自己的惆怅，她这时候已经是校长了，但还是一如既往地给我鼓励，在我离开以后还给我发了十几条信息，给了我很多信心。

在我很小的时候，老师在我的内心撒下过种子。

我也许就是想要成为像老师这样的老师。

它已经生根发芽。

它也许也会枝繁叶茂。

陈老师

妈妈告诉我：妈妈希望你做一个好老师

我的妈妈很普通，但她是对我影响最大的人。我没有想过要成为一个老师，从小的愿望里就没有当老师的选项。小时候，我一直是主持人，我原来就想当主持人，我喜欢抛头露脸的事情，一直觉得自己很适合传媒专业，高考时文化课成绩都过了，但是专业成绩差了半分，没有考上。我的妈妈是一位老师，后来她就让我选择了师范，我也就成了一个老师。

我敬佩我的妈妈。她是一个幼儿园老师，没有编制，只是一个编外的老师，现在是退休以后返聘。她很爱孩子，已经当了四十多年的老师，回到家里还是说：这个小朋友好可爱，他虽然很瘦，很小，但是很努力……她喊每个孩子全都是：宝贝，宝贝。我每次到幼儿园去找她，别的老师都会说，你只要听到谁在那里喊宝贝，就能找到她。她一直很努力地工作，几乎把自己都交给了工作。我上学的时候，她没有一天来接过我，没有烧过一顿晚饭，从来没有管过我的学习。高考以前，我想走读，不想住校，压力很大，但是那时候幼儿园开办了一个新园，大家都很忙碌，她不同意我回家，她对我说："别人都能吃苦，你为什么不能吃苦？"我一直都有埋怨：她的那些事情真的有那么重要吗？……她从十七岁开始工作，在农村的幼儿园工作了十几年，来杭州的时候已经三十多岁，很多东西都错过了，编制也没有考上，个人的发展受到很多限制，也是因为没有编制，她五十岁就退休了。她过去工作过的幼儿园已经不在了，当时的领导也找不到了，没有人可以证明，教龄以及退休工资都受到影响，这对她打击很大，但她返聘以后还是像以前一样很认真地工作，我很敬佩她。

大学的时候，一次演讲比赛，我的演讲稿就写了我的妈妈，写她二十多年入党的经历：她十八岁就想入党，不知道写了多少申请书，直到她快退休以前，领导问她工作了那么多年，没有评过任何先进，有没有什么愿望，她说想要入党，终于入党了……我的题材不够宏大，最后拿了二等奖，但是我表达了对妈妈的敬意。我经常跟妈妈说，你不要纠结你这一辈子没有编制、没有职称、没有荣誉，你应该对自己很自信，你那么善良、踏实、努力、认真，女儿也培养得很好……但她对自己还是不满意，她觉得自己的能力有限，没有给我更好的舞台，没能帮助我更多，她就希望我能够在工作上有好的发展，不要像她一样。

我第一天去上班，出门前，妈妈对我说："老师很多，但是好老师很少，妈妈希望你做一个好老师。"她说的这个好老师，不是将来一定要去当领导，或者拥有很多荣誉，而是要对学生永远宽容与慈悲，在他们需要的时候，能够帮助他们，在他们有困难的时候，能够拉他们一把，总之就是要做一个问心无愧的老师。可是，我对工作还有很多迷茫。当老师的很多东西似乎都是规定了的，都要遵守规定，我常常会觉得自己是真不合适。我的论文、公开课，都不比别人逊色，可我还是不想把时间都花在这些事情上，还是很不适应。我也很认真，但是我做的很多事情，都不是因为我多么热爱，而只是性格与责任心使然，不允许自己降低做事情的要求。我觉得自己很别扭，想要逃离，又离不开……然而，催使我去上课，去站在讲台上的，是我总在告诉自己：这是我的工作，最重要的是不能辜负学生，我可能会遇到很多不同的学生，但是学生在他们的这个人生阶段只会遇到我这么一个老师，我要对他们负责。这也是妈妈对我的鞭策。

如果不是妈妈，我也许不会当老师。是妈妈让我选择了一份很稳定的工作，而且把我留在身边，让我没有太多生活的负担。如果我离开杭州，到别的城市去发展，就像一些从外地来到杭州的老师，一边要工作，一边还要生存，就会很辛苦。妈妈不希望我太辛苦。妈妈也许是对的，但是我还要用很长的时间来体味。

张老师

我最爱的人就是妈妈
妈妈也是最爱我的人
听妈妈的话真好

　　我的妈妈是一个特别快乐的人。她喜欢唱歌,只要踏进厨房门,歌声就开始飘荡,有时高亢,有时舒缓,有时悠扬,以使得柴米油盐以及锅碗瓢盆不仅不使人烦乱,而且还充满了趣味。她钟爱《铿锵玫瑰》,还把它的歌词抄下来,教我一起唱。我小时候一直觉得她有忙不完的事情,经常要到单位加班,到了周末我理所当然就跟着她到单位,她几乎没有去过什么地方,她就很喜欢唱《我想去桂林》：有时间的时候我却没有钱，有了钱的时候我却没时间……我受妈妈的影响，也喜欢唱歌，上下班的路上都会唱歌，在我看来没事会哼点歌的人都是很快乐的人。

我的妈妈也是一个很可爱的人。她好像认识所有的人，哪怕跟卖菜的奶奶，以及扫地的大婶，也都很亲热。我的弟弟会把好吃的东西都抢走，自己一个人吃，不给我吃，我也都会让着他。一次，家里有橘子，很甜，但是没有几个，妈妈就给橘子分别写上"姐姐"和"弟弟"的字样，防止弟弟又都抢走。我手术的时候剃成光头，她就把我的头发收集起来，放在窗台上晒太阳……妈妈总是能够让一切生活的内容都不会乏味、沉重以及悲伤。

我的妈妈也是一个与众不同的妈妈。我小学四年级的时候，老师布置的作业很多，经常要抄写字词，要从第一课抄到最后一课，妈妈很生气，直接找老师说作业太多了。老师当着全班同学的面说这件事情，我很没面子，别的家长都不会这么做，可是妈妈因此却也拉近了和老师的关系，以后作业真就没有那么多了。妈妈对我和弟弟没有更高的要求，只要我们健康快乐就好，她就想让我能够多睡觉，哪怕多睡一会儿也好，从小到大从来不喊我起床，有几次我晚起了就怪她：你怎么不喊我，都要迟到了……上了中学以后，有的同学越来越叛逆，要跟家长吵架，或者跟谁也不说话，还有的不肯回家，让人提心吊胆，这些我都没有经历过，没有和家里发生过任何冲突。有的同学抱怨家长对自己管得太多，横加干涉，不尊重他们的意愿，偷看隐私，我就会暗暗高兴：我的妈妈不是这样的，我的妈妈太好了。

妈妈让我享受很多幸福。

也给我很多力量。

我这次做手术以前，妈妈每天晚上都拉着我睡觉，还像小时候一样搂着我，让我不要害怕。做完手术以后，我身体特别难受，头晕，恶心，想吐，忍不住哭，一直喊妈妈，妈妈特别心疼，一直陪着我。后来，我的阿姨告诉我，我在做手术的时候，很长时间了还没有出来，妈妈也很着急与害怕，给阿姨打电话：怎么还没有出来……可是她没有跟我说过这些。我的爸爸不是一个善于表达的人，不怎么说话，我做完手术过了几天才给他打电话，他也没有把关心和爱表达在语言上，但是，平时只要我给妈妈打电话，他都会在旁边听着，虽然也是一句话都不说。也是在我手术期间，男朋友和我分手了，他是在微信上和我说的，我没有看出来那是在说分手，还是妈妈告诉我的。我们是高中同学，异地恋，恋爱的时候，我经常跟妈妈打电话说我们的事情，在没有说分手的时候，妈妈就感觉我们俩会面临情感的危机。妈妈看了我们的聊天记录说：这是一张分手书，分析到位，论证充分，表述直白，希望宝贝读懂它，也要向前看……妈妈让我即使在悲伤的时候也不会太脆弱，不会怨艾与哀叹。

妈妈个子不高，但是看起来大概很有老师的气质，我要是和她一起走出去，别人都会问你妈妈是老师吗。我选择当老师也是妈妈的愿望。妈妈说当老师有寒暑假，妈妈还是想让我能够多休息，也能多和家人在一起。我当了老师以后，虽然并不像妈妈想的那样有很多休息的时间，甚至还很忙碌，经常要加班，免不了还要熬夜，但毕竟有假期，毕竟能有那么一段时间还是有一些自由，也能够得到心灵的休憩与补给，能够让人生走得不是那么太匆忙。我最爱的人就是妈妈，妈妈也是最爱我的人，听妈妈的话还是对的，听妈妈的话真好。

黄老师

我影响了她
她也在教育我

人生似乎有很多条路，而你能走的其实就只有一条路。我研究生读的是汉语国际教育，我当时的目标很明确，就是要读博，可是我的学习能力有限，没有考上。那时候，爸爸妈妈很着急，我不想让他们忧虑，就开始找工作，顺利地通过教师招聘，仿佛命中注定，每一步似乎都精密地卡好似的，于是也就从事了我认为很难也很神圣的职业，而我此前真的没有想过要当老师。到现在我还是想去读博，哪怕已经不可能，心里也清楚，估计是没有希望了，因为现在的生活太稳定了，我没有勇气打破这种稳定。很多人也说也许读博以后的工作还不如现在，这也不全是玩笑话，也很有可能，我被说服了，我还是顾虑太多，爸爸妈妈年纪大了，我不能只为自己考虑。读博，也就成了埋在我心里的一种梦想，它也是我的理想。现在已经很少有人还会谈理想，不是每个人都有机会实现自己的理想，也不是每个人都能走自己想要走的道路。人生似乎曾经有很多条道路展开在你的面前，而你最后走的也许偏偏就是从来不曾设想过的路。

我读研究生的时候也当过老师，学生都是大学生。爸爸妈妈说，读研究生以后可以不养你了，生活费要自己想想办法。我是以专业第一名的成绩考取研究生的，我就开始招募学生，尝试做考研的线上辅导。我没有任何经验，没有人帮助，就靠自己摸索，边学边做。起初我用打字的方式上课，然后用语音，再后来录播，一点一点改进，后来又采用了直播。我读了三年的研究生，也就教了三年的书，好像还很适合，对学生也有感染力，能让他们喜欢这个专业，而且愿意为之努力，学生的录取率和高分率都很不错，那几届考取的前几名学生都是我教出来的。那是一段快乐的时光，它让我学会怎么跟人交流，怎么丰富自己的学识，它是我发自内心想要去做的一件事情，是我人生中很丰富的以及印象最深刻的一段经历，也是我很大的一笔财富。

我有一个学生，大专毕业，完成了专升本。有一天，她在狭小的宿舍里对自己说："我的人生不能局限在这小小的房子里，我要去实现我的理想。"她开始努力考研，也成了我的学生。考研虽然没有高考压力大，难度也没有高考那么难，但是对人的折磨以及带给人的挑战并不亚于高考，高考有人拿着鞭子赶着你，考研只有自己拿着鞭子抽自己，只有自己监督自己，很容易沮丧、崩溃、放弃。她也想要放弃。我对她说："再坚持坚持，要对你自己有信心，也要对我有信心。"她还是放弃了。就要考试了，她又来找我，还是想试试。于是，加班加点，连续通宵，几乎不要命，她边哭边学，边学边哭，擦干眼泪又继续学，我只有说："坚持过这段时间就好了。"她考上研究生以后，依然没有停止脚步，继续挑战，在全省大学生职业创新大赛中带领团队拿了一等奖，又在我参加工作一年以后，考上了博士，实现了我没有实现的理想。

她一直鼓励我：你不要放弃，你要去追求自己的人生理想。

如果说我曾经影响了她，她也在教育我。

而今，我从教大学生变成了教小学生，它们是不同的艺术。教大学生，如果不能讲明白是你的失职，只要讲明白，他们就能自己吸收，好比你只要把恰当的食材准备好，他们自己会去炒菜。可是，教小学生就截然不同，你不仅要把菜炒好，还要喂给他们，要让他们能够吃下去，这太难了，我以为已经讲清楚的问题，从孩子的角度却完全不知所云，还会越讲越糊涂，怎样才能让他们把饭吃下去，并且茁壮成长，真的是一门深奥的艺术，我至今也还没有摸到它的门道。我也常常在思考一件事情。教小学生最重要的应该是要激发他们的情感以及创造力，要让他们超越我们，而不是走我们的老路。而最稳定的还是走老路，可是，稳定也就意味着僵化，它缺乏活力，几乎什么也不会发生，失去了更多的可能。我们对于不确定的未知的未来往往感到恐惧，我们的孩子是应该继承我们的恐惧，还是应该勇敢地去突破？路是大的，去的人也多；路是小的，找着的人也少。更多的人都在走的路也许安全，但也是平庸的。然而，如果我鼓励学生去走更小的路，会不会也是对他们的人生不负责，加剧了他们人生的风险？他们只要听话地把眼前的功课学好，能有好的成绩，或许也就会有最稳定的人生。

稳定与突破。

究竟怎么才算好？

我是一种答案。实现了我没有实现的理想的学生也是一种答案。臣服于现实是一种答案。朝着理想进发也是一种答案。每个人都在交出自己的答案。究竟怎样的答案才是正确的答案？究竟有没有正确的答案？

丁老师

那段经历给了我很多向往与期待
也让我感受到
当老师是很幸福的事情

我对自己的职业选择没有特别清晰的方向，爸爸妈妈都认为我不适合复杂的岗位，最适合的还是当老师，我也觉得好像是这么一回事。我的高考志愿就全都填了师范专业，其中第一志愿是我自己最喜欢的学校，它有一年可以到国外交换学习，非常吸引我，我也被录取了。上了大学以后，我对老师这个职业的认识还不是很深刻，只是觉得要有更多知识的储备，以及掌握必要的技能，除此以外，对老师形象的感知还是模糊的。大二的时候，我去了美国威斯康星学习那里的小学教育课程，那一年的时光，让我对老师这个职业有了更多喜欢，也发现跟孩子相处真的很快乐，并且也很治愈，那段经历给了我很多向往与期待。

　　我们每周的周三都要到当地的学校实习，两个人一组，被分配到不同的学校。也有学校的导师会认为来实习的学生只是一个旁观者的角色，并不会更多地关注，可是我们遇到的导师却很不一样，她就是米勒老师。米勒老师是三年级的班主任，也是一个全科老师，一个人教一个班的所有学科。我们第一次去学校的时候，她特别在黑板上写了欢迎我们到来的话语，她很愿意向我们展示她的教学智慧，上课的时候时不时都会提到我们，好像我们就是其中的一分子，还有吃饭以及户外活动的时候也都会让我们有非常强的参与感。米勒老师没有结婚，但是领养了一个孩子，是一个很有爱心的人。我们有特殊教育的课程，要做一次采访，并且写一份报告，米勒老师的班里有一个孤独症的孩子，我们就采访了米勒老师，她告诉我们：要知道应该怎么和特殊的孩子相处，非常简单，有爱就好了……它听起来很简单，但是给了我们很大的震撼，我们也得到启示，无论是特殊教育，还是普通教育，最简单的也是最好的方法就是：爱。

他们的教育和我们的有很多差异。他们的教室布置很自由、斑斓、奔放，别说墙壁，就连天花板也没有空白的地方。学生很少，上课没有固定的位置，通常是放松地围着老师坐成一圈，也有的趴在地上，还有的躲在小帐篷里，每个小朋友都可以找自己最舒适的方式上课。上课的进度要慢很多，一节课的信息量没有那么大。教室里哪里都有书，至少一半左右的空间都适合小朋友随心所欲地阅读……我们听了米勒老师的一节故事课。米勒老师做了一个很大的爱心。大家围成一圈。米勒老师给大家读故事，故事讲了一个孩子受到班里的另一个孩子欺负的事情，每当读到故事里让人伤心的地方，大家就可以用手撕爱心，也可以把它揉皱，读完故事的时候，爱心已经皱成一团，已经不像爱心。米勒老师带着大家缝补爱心，但是，通过修复，爱心虽然还能成为一颗爱心，却不能回到最初那样平整了。它让每个人的内心都受到了冲击：伤害是无法弥补的……它就像我们的班会课，但它不刻板，不枯燥，没有刻意讲道理，却让每个人都很感动。

将要离开那里之前，我们上了一节汇报课，教小朋友写汉字：妈妈我爱你。用英文教汉字，还是比较困难，我们做了很多准备，还是很忐忑。上课之前，一个小朋友走过来对我说："你不要紧张，你一定可以做得很好。"那一刻，当老师的职业幸福感一下子就涌动出来。我们就要离开了，米勒老师又在黑板上写了与我们告别的话语，她也告诉小朋友我们回国以后也要参加工作，让大家把对我们的建议画下来，也写下来，并且把它们装订成两本书，分别送给我们。以后，每当工作中有什么不开心，我都会把那本书打开来看看，它的每张图以及每一句话都很有意思。你要经常保持微笑。你要拥有一张可以小憩一下的椅子。总是给你的学生第二次机会。周末要去露营。进行有趣的实地考察旅行。说一些幽默风趣的话……它们总能让我重新振作，也让我感受到，当老师是很幸福的事情。

那一年的经历。

给了我很多能量。

也让我有了职业的信念。

那里也还有很多吸引我的地方。一次，我们兴冲冲地买了很大的一个比萨，一个大叔热情地对我们说：祝你们一天都有好心情。一次，我穿了一件有一只大眼睛的牛仔衣，路上遇见的人说：这个眼睛很好看，你的牛仔衣很好看。一次，情人节，去超市，一个很老的老爷爷买了很大的一束鲜花，让人仅仅看到就很感动……我其实还想继续留在那儿读书，直到现在也还是有非常强烈的愿望，如果有机会，还是很愿意再有这样的经历。

我与米勒老师至今还保持联系，我们会在节日的时候彼此问候，每年我生日的时候，米勒老师也都会给我祝福。它不仅是一段经历，它也像是酵母，会让我的生命也发酵出很多可能与美好。

第三章

光的样子

一个人如果就是一道光
世界上就会有很多不同的光的交错
每一道光也都像来自
不同的宇宙
不同的时空
光与光
也都在互相照耀

成为老师以后
谁
或者什么
照亮过你
让你感受到力量与美好

王老师

我遇到了一个有智慧的校长

我从毕业就在现在的学校，学校不是很大，也不是很有名，但是，我从来没有想过要离开它。我的同学都是老师，很多都换过几个学校，我也听他们说过很多其中的利弊与得失，但我就是没有想过要换学校。一棵树如果在一个地方生长得足够久，就会枝繁叶茂，你在一条路上走得久了，也就会遇到你想要遇到的人，我就是在这个学校工作了很多年以后，遇到了一个让我由衷钦佩的校长，就是俞校长。

她不是聪明的校长。

她是一个有智慧的校长。

她关心所有的老师，老师们有什么困难与问题，她都会尽其所能地帮助解决，只要提出来的事情都不会说说而已，有去无回，不了了之，都会有回应。我爸爸生病的第一年，还是以前的校长，我要到医院给爸爸送饭，或者处理一些急事，都要像做贼一样，需要同事巧妙地掩护，才能偷偷地溜出去，提心吊胆。俞校长来了以后，了解到我的情况，就坦诚地对我说："这个时候父亲最需要你的照顾，也是人之常情。但是，不能影响工作，也要处理好与同事的关系，实在需要的时候，要有人愿意帮你顶着……"她也特别和年级组办公室的老师说："能帮就帮她一把……"后来，我有时候中途需要外出一个小时，或者要提早半小时回家炖个汤，心里都很踏实，也都能得到学校的理解。

她对所有的班主任都特别体谅，每个班里多少都会遇到一些事情，老师要是找她求教，她都会耐心地坐下来，和你一起商量，应该从哪里着手，怎么才可以恰当地解决，从来都不会还没有问什么缘由就说：你这个班主任在干吗？……我的班里有一个先天性心脏病的学生，整个内脏都是长反的，非常可怕，可能不知什么时候人突然就会没有了，家长因此特别宠爱，不愿让他流一滴眼泪。

他的行为习惯就非常糟糕，一个病人的心情也不会很舒坦，他的性情很暴躁，要是和其他同学冲突起来，就会歇斯底里。他不肯上课的时候，就会逃跑，藏到男厕所，或者一些专用教室里。我不得不一次次地去找他。在办公室的时候经常担心下一秒任课老师就会冲进来说，他又不见了，又要满操场去找，又要查监控，也怕他突然倒下，虽然家长写过免责承诺书，但不可能不为他忧虑。学校的老师都说我太不容易了。一次，他不肯上课，又逃跑，逃出学校，藏在一辆汽车的底下，要是别的校长可能就会说，你怎么会让他跑出去。可是，俞校长不仅没有责怪我，还帮我找家长谈话，和学生谈话，告诉他们：老师付出了很多……家长就没有为难我，而且很感激。时间长了，学生知道你真心对他好，跟我也很亲热，但就是很难克制自己。我只能一直把他当小小孩一样看待。现在特殊的孩子越来越多，几乎每个班都有，老师都很不容易，但是如果能够遇到像俞校长这样的校长，也就能够缓解很多压力。

我一直都想入党。

它是我人生隐隐约约的梦想。

当我以为求而不得，并且已经渐渐熄灭了对它的热情的时候，就是俞校长把我带到了党组织，以使我在到了四十一岁的年纪，还能达成心愿，快快乐乐地入党了。我已经很多年都没有去过杭州大厦了,但是在入党宣誓的前一天,我和先生特地一起到杭州大厦,庄重地挑选,买了正式的白衬衫和西裤,那样的时刻,也让我觉得人生很圆满。一个好校长,不仅会影响一个学校、一批学生,也会影响老师的情操、志趣、人格与人生,我很幸运遇到了一个有智慧的校长。

潘老师

我不想当老师的时候
给我力量的都是学生
每次能让我坚持下来的还是学生

一个学生。成绩还好,语文特别好,作文写得不错,但是很腼腆,不太说话,她的眼神总是离不开我。一天早上,她很早就来上学,但是躲起来,不让我们找到。她们家有两个女儿,她的爸爸很热心,对班级的各种活动都很支持,爸爸说她性格不是很开朗。一年暑假,爸爸给她报了一个学习营,她一个人住在那里,也许觉得孤独,经常给我打电话,就是说一些琐碎的事情,絮絮叨叨说很多话，她在学校的时候并不会主动找我，我接到她的电话也很意外。后来，我没有再带这个班，也没有继续教她。到了初中，她突然又联系我，那时候她已经很长时间没有去学校，她到学校就很烦躁，受不了老师拖堂，以及没完没了地讲卷子，她就开始逃避，找各种各样的借口不去上课。她去学过小提琴，想要走这条路，但没有坚持下去，后来，她去读了职高。一次，她来找我，我和同事要一起准备精品课程，她没有地方去，就跟着我一起到同事家里，就是一个人坐着，我只是给她点了一杯奶茶……遇到这样的孩子，我也不知道该怎么陪伴她，很无奈。你其实很难介入一个孩子的世界：你看着一个从小乖巧、文文气气的孩子，怎么这么叛逆，就在朝着你无法想象的一条路奔去，义无反顾，也许她内心有很多波澜，而有蛛丝马迹的时候你却没有察觉，她也许很迷茫，却得不到什么支持，即使支持可能也是失败的，即使给一些建议也很苍白，她也许就只是需要一个听众，需要一个人能够陪伴她，而你也只能陪她一段路。

一个学生。黑，胖，沉默寡言，不受关注，经常睡眠不够的样子，成绩糟糕，但是他有一篇作文写得不错，是写打羽毛球的作文，我在班上读了，还把它留了起来。到了初中，他常常把自己一个人关起来，把自己关在卫生间里，特别没有安全感。他爸爸给他找了一个专收问题学生的学校，哭着给我打电话，问我能不能到他家里劝劝他。我安慰了他很长时间，可是也许因为一直没有得到关注，他在这个世界上似乎孤立无援，他记住的都是一些不美好的事情，包括一直记着我对他有过的批评……我一辈子都记得老师对我的好，但是，有的孩子就是会记得你的不好。那时候，我就告诫自己：我对学生说话一定要很谨慎。然而，一个孩子要怎么样才能够怀着温暖前行，要怎么样才能够成长得很有自己的目标？一个孩子长大太不容易了。

……

当了老师以后，你会发现很多事情你都没有能力去改变，一个孩子可能形成的意志品格，对脚下的道路的选择，他未来人生的走向，他的命运，他会遇到的形形色色的人，他会经历的磨炼，都不是你能够掌控并且改变的，你就会觉得自己太无能了，太没有办法了。我以前就怕自己当不好老师，也是在犹豫中当了老师，如果我有别的选择可能也不会当老师，当老师太难了，它似乎黯淡无光，没有什么可以照亮。

而我不想当老师的时候，给我力量的都是学生。

每次能让我坚持下来的还是学生。

我容易被小事情感动。学生遇到你，就会很依赖你，他们来到了一个陌生的环境，就只认牢你，就像小动物找到妈妈一样，你的感情也就容易投入。一次家长会，为了让家长更多地了解孩子，我让学生都说说自己有什么愿望，一个小男孩说：希望能和潘老师一起度过六年。学生还是很可爱的，看到我就会扑过来，抱着我，有时候看到他们唱唱跳跳，也觉得很美好，和学生在一起还是很快乐的。有一年，我换到新的校区，离开了原来的学生，很舍不得，哭了两天。还是实习的时候，离开相处几个月的孩子，我也哭得稀里哗啦。不当班主任以后，我最失落的也是别的老师都有一群一群的学生回来看他们，而我只有零零散散的几个学生，每当毕业季来临的时候，我就会惆怅：一年一年凌霄花开放，怎么就没有学生回来看我呢？……我这种老师就是拘泥感情，没有出息。然而，我自己当老师的初心，就是想要和这些天真可爱的孩子在一起，所以，我下决心回到原点，重新又回来当班主任，每天忙于处理鸡毛蒜皮的事情，又走回以前很辛苦的路。但是，也许我也只能做这种婆婆妈妈的事情，每天被孩子们包围，看着他们写的一些东西，也很开心，沉浸在鸡毛蒜皮里。

陈老师

我想要成为的人
一个是我的同事
一个是我的师傅

我在工作中遇到了两个人。

一个是我的同事。

一个是我的师傅。

我的同事将近四十岁，是一个语文老师。她不是什么领导，没有什么职务，但是每天都很快乐。她不追求评什么奖项与荣誉，也不像有的老师那样对职业厌倦与怠惰，总是很多抱怨，而是每天都热情洋溢，经常会和我们分享班级里的一些有趣的事情，也会善意地捕捉学生的一些镜头做成表情包，乐此不疲。她也很热爱生活，不工作的时候就花很多的时间陪孩子，还会在朋友圈发一些很有意思的小作文，记录生活的点滴感受。她既享受工作，也享受生活，让身边的很多人都受到感染。

我的师傅是学校的副校长，她有很多年一线教师的经历，在中层的岗位上干了很多年以后才当了校级领导，为人处世都很通达与实在，话不是很多，干脆，正直，也能理解人，她自己还在带班，还在上课，大家都很佩服与尊重她。我遇到了一件我怎么努力也解决不了的事情。我的班里有一个孤独症的孩子，会打人，打所有的人，也打老师，还骂人，看到谁都会骂。家长不配合，家访的时候还指着鼻子骂老师。学校的领导解决不了，教学处、德育处也解决不了，但是，所有人都对我说：你得解决，必须解决，一定要解决，无论如何都要解决……我竭尽了所有的努力，还是解决不了。我太年轻了，缺乏经验，怎么也想不通，焦虑，睡不着，大把地掉头发，什么也不想吃，经常想哭，想要辞职，没有力量再干下去。我跟学校谈，以为学校领导会理解我，但是他们不理解，还把我教训了一顿，说我不是很能干吗，怎么这么脆弱，学校也给了那么多方法，为什么就是不能解决……在我最崩溃的时候，师傅用很简单的话对我说："有些事情就是没有办法解决的，谁也解决不了，你也别解决了。"这句话让我得到了情绪纾解与宽慰。后来，学校也给我换了班级。

仅就这件事情而言，我也常常反思自己。

是我没有做好，是我没有处理好。

尤其在事情的后期，我几乎自暴自弃，有的家长提出想让这个学生转学，我也听之任之。我对这个孩子很不公平，孩子是无辜的，他控制不住自己，也没有得到好的教养，我没有保护好他。如果让我晚十年或者十五年遇到这样的事情，我是不是就能够把它解决好，能够引导他学会与人交往，也能够引导别的学生学会包容他，这也许是很大的学问。事后想来，我也不认为学校以及领导不对，作为孩子的父母，也非常理解他们的心情，如果是我的孩子，我也许也会这样……倘若以后再遇到这样的事情，我能比当时做得更从容与妥当，那就没有白白地经历，这件事也就还是有它的价值。

师傅分管教学，每个新老师的课都会去听，不会厚此薄彼，听了以后还会用很多时间和老师进行讨论，给他们很细致地指导，让老师都有切实的提升。一个年轻老师，比我还小，很少说话，就只会埋头做事情，每天都工作到晚上十一点多，但是不会跟人交往，甚至到后来跟所有的老师都不说话。第一次新老师开课的时候，师傅把我和她都叫过去，让她试教，我一起旁听。听完课以后，师傅问她有没有遇到不顺心的事情，她就哭了，开始和师傅说话……当时，我很替这个老师感动，她这个人有些笨拙，不是很漂亮，也是外地人，举目无亲，似乎永远都没有人关心，如果当时我是她，能够有这样一个领导关心自己，会一辈子感激。如果我以后就是一个普通老师，我希望可以成为像我的同事那样的人。如果我以后有机会当领导，就要做像师傅那样的人。

张老师

他经常说，你是最棒的老师，你是最好的
每次想起这句话
就很有力量

分手就像一场携带巨大能量的核爆，它会让你失重，也会让你迅速地成长与裂变。我和我的男朋友虽然分手了，但是我心里还在等他，我们没有删除对方的联系方式，还像是朋友，我们恋爱的时候也像是朋友，不是想要见面就能见到的，也很少见面。高中的时候，他一直是我们班学习最好的同学，在年级里也都在前几名。高考的时候，他没有发挥好，没有填报志愿，直接复读一年，后来考上了华东政法大学。我工作以后，他选择考研，成绩出来感觉应该很稳，我们都很高兴，可是那一年所有学校的分数线都提高了，他就因为差了一点点没考上，在杭州暂时也没有合适的工作，只能先回老家。我们也就一直都是异地恋，一直都是我在等他到杭州来，我们一直都是在漫长地等待，相聚，分离，又漫长地等待，分手也许只是让等待变得更加漫长，但这也许只是我的幻想。

他不喜欢老家的工作，准备继续考研，离考研的时间越来越近，白天要工作，晚上要学习，他可能就是压力太大了，也太迷茫了，以至于脑子不清醒，就想分手了。他说他想得很现实：就算最理想的情况，今年能够成功考研，等到毕业找工作，或者考公，也还要几年的时间，工资也不会高，在杭州不能有很好的生活，他只想给我好的生活，不想让我和他一起经历不好的生活，他觉得很难，不想让我再等他了……我没有他想得那么多，好的生活不是谁给谁的，是两个人一起创造的，两个人的感情才是最重要的，如果两个人的心在一起，就一定能克服很多困难，就算苦一点也没有关系。他不是一个爱说话的人，当他说很多话的时候，就已经考虑成熟了，挽留也没有用，只能接受。他就是一个胆小鬼，连我一个女生的勇气都没有。他说他已经不想到杭州来了，如果为他想想，他在老家确实很好，工作稳定，家里什么都有，不用买房买车。真正爱一个人不就是希望他过得好吗？不就是希望他过得开心吗？……我没有看出他在手机上说的就是要分手，也不愿意相信它是事实。我感到难受，也哭。但是，最近都在参加培训，一直在忙，几乎没有时间的罅隙，也就不会去想太多，马上要考研了，就让他自己专心地做自己的事情吧，谁也不知道以后会怎么样，以后的事情谁也说不好。

  我也有很多疑惑。疫情的时候那么苦，怎么也见不到面，我们都熬过来了，怎么到现在却结束了？现在并没有到真正无能为力的时候，为什么要分手？也可能是我和他说起过哪个老师要给我介绍对象，他着急了。很多人会说异地恋还是趁早止损，但是妈妈很支持我，她只要我开心、快乐就好，可我们还是没有走下去。身边有的同龄人都已经结婚了，妈妈也鼓励我不妨接受相亲，但是我暂时还不想认识别的人，我不知道我的等待是不是有意义。我好像一直都在等待，等待是一种幸福，还是一种残酷……我的人生经历还很有限，我对很多事物的感悟还很肤浅，我对感情的认识也许也还太简单，其中的很多悬疑我都还来不及想明白，我只有把它交给时间，只有让时间来给出答案。

他也是一个照耀过我的人。他是一个书呆子，学习的能力比较强大，其他方面也许就薄弱些了，有时候袜子都是穿反的。他不是很喜欢社交，一群人在一起的时候很少说话，都是听别人说话，但是他这种高冷的气质很吸引我。他的爱好不多，除了看书、看英美剧、玩电竞游戏，就没有别的了，但是我们都很喜欢小动物，只要见面就会一起去看看小猫小狗。我们经常会相互鼓励与赞美，他能理解并且认可我的工作，他说虽然都是老师，特殊教育的老师是在帮助那些特殊的孩子，和普通教育的老师是不一样的，我也经常会跟他分享工作中的一些事情。

他经常说，你是最棒的老师，你是最好的。

每次想起这句话，就很有力量。

他是一个真诚的人，他如果不是那么悲观与消极的话，应该会很好。爱一个人的方式也许有很多种，在一起是一种，分开也是一种，分开也许也是对爱的一种发展与延续，也许也是对爱的一种丰富。我现在还没有办法测量他对我的生命会有多么深重的影响，也许他就是进入过我生命中的一个星球，哪怕有一天它会永远地飞散，它也还是会像浩瀚宇宙中依稀的光点，在我的内心闪耀，因为它其实就是一个完整的星球。

黄老师

我最要感谢爸爸妈妈
他们是从来不曾间断过的光

我的爸爸妈妈在变老。我的妈妈年轻的时候很漂亮，可是现在已经就是一个小老太太的模样。我的爸爸年轻的时候像高山一样伟岸，可是现在也已经渐渐孱弱。我不知道他们是从什么时候开始老去的。我从小对物质不敏感，对玩具、零食、穿着、用品都没有很多欲望，我也就不知道小时候我们家的生活是拮据的，偶然听到爸爸妈妈在谈论家里就连一笔很小数字的钱也拿不出来，才知道那时候我们家的生活算是穷的。后来，爸爸妈妈开始开超市，从此，早上五点多就起来开门，晚上都要十二点以后，甚至更晚，才关门，要进货，装卸，搬运，整理，清点，没有一刻轻松的时候，日复一日，年复一年。也许就是在他们于货架之间来来回回地走动，弯腰把乱了的商品重新码整齐，弓着身子把沉重的货品搬进仓库，殷勤地招呼熟悉的客人，以及期待新的客人的很多时候，皱纹就悄无声息地爬上了他们的额头，一天一天细微地加深，突然有一天似乎就像丘壑高低不平。也许在他们还没有天亮就起床，就是树梢上的鸟儿以及草垛里的虫子都还没有苏醒，又在寂静的深夜才疲倦地睡下去，就是月亮和星辰都已经不能振作的很多时候，他们的头发就在一根一根地褪色，变白，不知不觉就花白了。也许就是在他们为了生活拼搏，奋斗，承受，忍耐，含辛茹苦，竭尽全力地把家搬到杭州的很多时候，他们的身躯也在一点一点地损耗，渐渐地变得越来越矮。时间就这样在他们身上肆意地流淌、冲刷，留下了显著的痕迹。

我很担心我的妈妈。今年春天，妈妈先是腰酸，后来又开始咳嗽，到了夏天还是在咳嗽，最炎热的时候也在咳嗽，已经秋天了，依然在咳嗽，到了晚上，咳嗽更会加剧。可是，妈妈似乎不知道自己在咳嗽，怎么也不愿意到医院去检查，一直说去，又不肯去，她也许是在回避自己的身体问题，也许不想让我们过多担心。然而，只要听到她咳嗽一下，我的心就会抽紧一下，不可能不担心。我也很担心我的爸爸。爸爸已经有过一次脑血栓发作，当时半边身体都麻木了，医生说如果再有一次就会很危险，他的口味也在发生变化，吃得越来越咸，我不知道自己可以为他做些什么……我不仅是担心，而且还恐惧。我恐惧时间无情地流逝，就像箭矢永不返回，也像炸弹粉碎一切，它已经擦除了我小时候见到的爸爸妈妈的模样，它还在擦除他们，它会把他们全都擦除了。如果我的内心有什么最深的恐惧，就是害怕有一天他们真的不在了，不知什么时候就离开了，再也看不见，摸不着，不能亲近，无法企及，仿佛他们就是一种逐渐在消失的物质，终究会无影无踪。很多事情都很难打倒我，孤独，尴尬，失败，生存的压力，都不能打倒我，轻易就能够打倒我的只有我对他们的担心与恐惧。

我看过一部电影，《本杰明·巴顿奇事》①，也叫《返老还童》。本杰明·巴顿出生的时候就像八十多岁的老人那样苍老，随着岁月的推移却越长越年轻，在别人都越变

---

① 由大卫·芬奇执导，改编自弗朗西斯·斯科特·基·菲茨杰拉德所著同名小说。片中通过多种象征意义，展现对人生、时间、爱情等主题的深刻思考。

越老的时候，他却变回了婴儿的模样，他在养老院长大，又在养老院里死去，而且是在所爱之人的怀抱中死去。电影中说："我们注定要失去我们所爱的人，要不然我们怎么知道他们对我们有多么重要。"我不敢看下去，看不下去。我也像本杰明·巴顿一样从来没有这么考虑过生与死。我完全没有做好准备去面对这么沉重的命题。我也做不好这样的准备。永远都不可能准备。无法准备。只要想一想它，就会让我恐惧、软弱、不能自制，就连晚上睡觉都害怕，从来没有像今年这样害怕，越来越害怕。

　　爸爸妈妈是世界上最爱我的人，没有人可以比拟他们对我的无私、深沉、在所不惜。在他们眼里我永远都是最好的、无可挑剔的、完美的，他们不会对我苛责、干涉、否定、打击，一切都支持我，不会有任何要改变我的意愿的企图，即使我要到遥远的地方去读大学也不阻止，而是给我最多的宽宏、理解与鼓励。我从不曾对他们叛逆、顶撞以及让他们心伤，无论在什么时候，我也都能体谅他们。我们并不能每天都在一起，也不会天天都打电话，但我们仿佛须臾都不曾分离……我最要感谢爸爸妈妈，他们是从来不曾间断过的光，即使他们在变老，还会变得更老，他们在我心中也依然光芒万丈，永远光芒万丈。

丁老师

**最能照亮我的
是孩子和家长对我的评价**

我以为我会一直带原来的班级，一直带到六年级，然而，学校还是给我换了一个班级，我只能放下原来带了三年的班级，重新带一个班级。一个班级就像一个世界，有它的构造、形态、脉动、节律、气息、情意，它不是无声无息的，它是有生命的。当你离开一个世界，走向另一个世界的时候，它们之间的拉扯，导致你内心的起伏，以及其中包含的甜酸，都会扑面而来，猝不及防。我好像还在原来的世界，我又已经在另外的世界。我已经在新的世界，我却还留恋过去的世界。两个世界都在冲击我，都会让我眩晕与茫然，也会让我喟叹。

一件事情。有的人告诉我，老师的生活还是要和家长保持距离。有的老师就选择不和家长加微信，尽量避免家长有可能对自己的打扰。可是，我几乎和每个家长都加了微信，也建了微信群，还有钉钉群，确实有家长大半夜还会找我交流，我也思索过是不是应该换个方式，但我还是坚持了原来的选择，我确信老师与家长之间也可以互动，拉近，并且成为朋友。我还把朋友圈对家长开放，让他们可以看到更多面的我，也能让老师的形象更鲜活。也许就是因为我这样的态度与方式，我原来的班级一直带得很好，家长对我也都很理解，我们都能彼此信赖与支持。但是，换了新的班级以后，有的家长在群里问我什么竟然没有称呼，有的就连见到我也不打招呼，就连人与人之间最起码的尊重也没有，这是我很难理解的事情，它不是我想象的样子……我虽然也在调整心态，但还是非常想念原来的家长，还是失落。

又一件事情。原来的班级有一个特殊的孩子，比较敏感，情绪会失控，容易暴怒，有什么问题不能很好地用语言沟通，只会用暴力解决。我对他尽量予以更多宽容，还让其他学生也这么做，可是一味宽容，也是纵容，对其他学生也不公平，一直没有更合适的办法。只要我出去教研或者有别的学习，只要我不在班里，他就会有事情发生，我不管在哪里、干什么都必须赶回来处理，它也会让我无力与烦躁：为什么老是在处理你的问题？时间都浪费在你身上，它本来可以投入到更有意义的事情上……但是，离开原来的班级以后，我的脑海中却经常会出现他的模样，也比较想念他，因为从他身上可以找到很多可以肯定我的地方。只要我在班里，他就会好很多，他信赖我，我能够让他稳定。从一年级到三年级他也有很大的进步。他情绪稳定的时候，也会帮我做事情，拿一些重的东西，比如抱作业本。我对他又爱又恨，不教他了以后，也就没有恨，只有爱，只剩下了想念。新的班级也有一个特殊的孩子，我也在做心理准备：不知道班里的孩子对他会有什么看法？不知道会面临什么？不知道能不能处理好？……无论如何，这样的孩子已经非常辛苦，我更要拿出一种大爱来对待他。

即使带原来的班级，有时候也会焦头烂额。

我也会想：我当初为什么要当老师？

我很在意别人的评价，在所有我感到低落或者迟疑的时候，最能照亮我的，就是孩子和家长对我的评价。一个家长给我发了一张图片，小朋友在家里画了一幅画，写了四个字：我爱丁丁。一个孩子在心愿卡上写：长大了要做一个像丁老师一样的语文老师。一个孩子在教师节祝福我每天都有好吃的早餐。一个孩子写了一首诗，说我是他的大桥，每当他走过这座大桥，他就能躲过一次烦恼。很多孩子不约而同地造句：丁老师又美丽又可爱。一个家长问我，你会一直带到六年级吗，给我很大的信任与鼓励。一个家长听了家长开放日的课以后对我说，现在的小学课堂都这么有意思吗，给我很多夸奖与鼓舞。只要是小朋友送给我的贺卡、写给我的信件，我都舍不得扔掉，都保留下来。我也还保留着和很多家长的聊天记录……它们会祛除我的沮丧与阴霾，让我即使在黑暗中也还是能够看到耀眼的光芒。

  一个世界已经不可避免地离去。一个世界又已经拉开了它的大幕。人生也许只能接受别离，哪怕惆怅，哪怕伤感，才能迎来新的世界。人生也不可能一直停留在一个地方，人生就是在不断地离开。我还在学习接受离开，我也在等待新的光芒。

第四章

一个梦

到梦里
探测心灵的深度

会经常做梦吗
说说记忆最深的
或者对你最有冲击的梦境

王老师的梦

我以前从来不做梦。一个人大概要有烦恼才会做梦,我以前一直生活得无忧无虑,就不知道什么是烦恼。但是,爸爸走了以后,更准确地说,应该是从爸爸走的那一刹那开始,我的人生就有了烦恼,就开始会做梦了,各种各样、莫名其妙、匪夷所思的梦都有,最多的还是和爸爸有关的梦。

梦,隐藏在人的灵魂深处。

在梦里,我看到了自己失去爸爸的痛苦。

我和爸爸之间有很多关于吃的记忆。爸爸当过高原兵,后来是特警,再后来在国宾馆管餐厅,他喜欢钓鱼、旅游,也喜欢做菜,做的菜特别好吃。会做菜的人都很热爱生活，对生活都很乐观，而且细腻，他愿意花很长时间做佛跳墙，因为我喜欢吃肉，也经常兴致勃勃地给我做东坡肉，还有红烧牛尾巴。他会开车到景德镇买他喜欢的茶壶，有时候也带我一起去，就在路边的小饭馆吃家常菜，会有那种很大一盘的猪舌头，我也很喜欢吃。我的妈妈有洁癖，不愿意到外面的餐厅吃饭，于是，经常就是我和爸爸两个人在外面吃吃喝喝，哪里有好吃的就到哪里去，只要有空，就去吃自助餐、喝咖啡。每次都是我找地方，我带路，我点我最喜欢吃的菜，但都是爸爸付钱，因为爸爸妈妈都说当老师的钱不多，从来都不用我的钱，从来都不用我拿出钱。在我们家里，爸爸都听妈妈的，都是妈妈说了算，但还是我的脾气最大，还是都要听我的，我总是对他们说，是不是要听我的……他们就都听从我，也迁就我。我们一家人的日子就这么过得挺好的。

我是在一家商场的蛋糕店接到爸爸生病的电话的。蛋糕店还在试营业，我和同学在挑选蛋糕，接到朋友的电话，朋友是医院体检中心的医生，看了我爸爸体检的片子，看出了问题，要我爸爸再去做一遍检查，我当时就在蛋糕店放声大哭……我和爸爸最后的一餐饭是在四季酒店的金沙厅吃的，那也是我和爸爸都很喜欢的餐厅。那时候，爸爸的身体已经很不好了，但是妈妈还是没有去，为此我和妈妈大吵了一架，因为妈妈如果一起去，就会有一家人完整的回忆。后来，我和爸爸还一起到医院旁边的麦当劳买过甜筒，但是他已经不能吃了，就和我到西湖边走了一圈，我和爸爸无数次一起到西湖边，但那是他最后一次和我一起看西湖，以后他就没有离开过医院了。这么多年过去了，我再也没有去过金沙厅，那家商场也没有再去过，它们包含了我最痛苦的记忆，我至今也没有勇气触及，不敢触及，无法触及。

爸爸从来没有发过脾气，在医院里住了三年，抗癌三年，放疗，化疗，靶向治疗，抢救，无论多么痛苦，都没有跟任何人发过脾气，也从来没有在我面前流露过他的伤心与难过。只有一次，他化疗出来，非常虚弱，胃口很差，我还是把炖好的鸽子汤盛出来，一定要他吃，他就把它打掉，因为他就是连喝汤的力气也没有了。死亡在那时候已经很接近他了，已经在不依不饶地追赶他，而我们对死亡的认识还非常有限，也很肤浅。

我不认为有什么能够永远地带走爸爸。

即使死亡也不能够。

但是，爸爸还是走了。

我开始做梦。很多都是爸爸在做饭烧菜的梦。爸爸把饭烧好，看着我，一言不发地走了。爸爸没有生病，没有很虚弱，在做佛跳墙，但是不笑，不说话。爸爸在做东坡肉，没有来得及说什么，又不见了，不知道到哪里去了，怎么也找不到。爸爸和我一起去外面吃冰激凌。爸爸坐在咖啡馆的沙发上。爸爸到很远的地方去看病，怎么也联系不上。爸爸在走路，在买东西，但是，都没有声音……所有的梦都没有声音，都像默片，梦里的爸爸也更像虚幻的影子，虽然似乎近在眼前，但是怎么也抓不住、留不下。死亡只是死亡的开始，它是一件很漫长的事情，它也像是生命的另一种形式，会一直延续、发展与变化，它甚至会越来越强烈。爸爸也许也不想我太痛苦，慢慢地越来越少回到我的梦里，到现在我又很少做梦了，那一定是爸爸希望我不要为他桎梏，希望我还是能够快快乐乐地生活，爸爸也是在护佑我。妈妈受到的打击比我更大，整个人几乎被摧毁，但是，工作拯救了她，她有一段时间没有去上班，重新上班以后，才又有了生命的光彩。现在妈妈也肯到外面吃饭了，每个星期我肯定要带她一起到哪里好好吃一次，这是妈妈很大的进步与退让，也许她也是在弥补从前的遗憾，也许对活着与死去的接受改变了她。这一切爸爸应该都是知道的，也许他就在这个世界的某一隅，默默地注视我们，也护佑我们。

潘老师的梦

我是一个很会做梦的人，会做很多的梦。我好像生活在两个世界里，一个是醒着时的世界，一个是梦里的世界。在醒着的时候，我的生命是如此普通，平凡，循规蹈矩，克制，谨慎，瞻前顾后，患得患失，一切似乎都波澜不惊。在梦里，我的生命却得到了释放。我会在梦里逢遇我所有在醒着的时候遇见过的人：小时候认识的人，很多年都没有再见到过的人，几乎不会再想起来的人，带给过我欢乐的人，有过嫌隙的人，走着走着就分离了的人，已经逝去的人，我思念的人，我不想再见到的人，都会在梦里出现，匪夷所思。我会在梦里看见瑰丽的天空，壮美的大地，丰饶的果园，累累的果实。我会在梦里经过奇怪的房子，冰天雪地的山川，险峻的悬崖。我会在梦里朝着对我造成过伤害的人呵斥，怒吼，咆哮。我会在梦里被可怕的人追赶。我会在梦里奔跑，怎么也跑不到头。我会在梦里飞行，飘荡。我会在梦里发现我的很多意念都得到了详尽的演绎。我会在梦里看见自己的恐惧，惊愕，伤悲，哀愁，忐忑，甜蜜，很久以来的向往……好像梦里的我才是更真实的我，好像那也是又一个我。

梦，似乎在解析我。

也在诠释我。

我有两个压力很大的阶段。一个阶段，是刚刚工作的时候。那时候做得最多的梦，是梦到学生考试倒数第一，半夜吓醒，在梦里都哭了。有时候也会梦见马上就要上课了，但是粉笔找不到，或者还没有来得及备课，自己也还慌慌张张地不知道在哪里。另一个阶段，就是现在。一个人在一个地方的时间久了以后，那个地方就会具有一种强度，会剧烈地拉扯你，形成对你的羁绊与拘囿，也是为了把原来的地方对自己的影响降到最低，从而能够彻底放弃既有的一切，重新回到原点做班主任，我离开了原来的学校，到了一个新的学校。然而，时隔多年，班主任的要求已经有很多变化，加上是到了一个新的学校，一切都要重新开始，重新适应，重新建立，很多事情扑面而来，我想要把每件事情都做好，加之磨课及备课也常常要到很晚，还要留出一点时间给孩子，每天都是一环扣一环，不能有一环出现闪失……每天几乎都没有时间睡觉，似乎连做梦的时间都没有了。

但是，我还是做了一个梦：似乎是秋天，似乎有明媚的阳光，似乎在体育场，我原来学校的同事与现在学校的同事，在一起参加运动会，他们彼此熟稔，而且融洽……我要走的时候，原来的学校对我有很多挽留，但我还是离开了，而我对过去的同事还是很在乎，也很珍惜，因为我对原来的地方还是有很深的感情，它就像我的娘家一样。来到新的学校，也像背井离乡，过去的同事会打听我的消息，他们也急于知道我在现在的学校究竟好不好。梦境也许流露了我的心意：我想让过去的同事知道我现在都很好，我也想让现在的同事也能接受我的所有，一切都很和谐，而且完美……它也许只是我的一厢情愿，也许我这个人就是干不了大事，我太在乎这样的一些情绪和情感。

我也有摇摆。

质疑自己。

崩溃。

不知道自己为什么要做这样的选择，是不是很傻，为什么要继续下去。

……

但是，我终究还是不后悔。我现在很充实，能够爱着一群孩子，知道每个孩子的点点滴滴，看着他们一点点成长，内心不会空虚以及飘浮，感觉对得起教师这份职业与工作，也拥有一个老师最原始也最珍贵的快乐。

陈老师的梦

我很少做梦,但是我常常会做一个相似的梦。我从小就是学校的主持人。小学的时候,学校所有的活动几乎都是我主持的。初中的时候,学校竞选主持人,我没有选上,我就主动去找学生处的老师,请他再给我一次机会,老师让我主持了一次活动,发觉我很有天赋,就补选了我。高中的时候,我也是自己找老师主动争取的主持机会。我喜欢舞台,喜欢得到大家的注目,我觉得舞台就像无边无际的大海,它可以容纳我,也可以汲养我,我不想离开它。我似乎永远都是舞台上最耀眼的那个人,老师和同学都很高看我,我也一直觉得自己很优秀。可是,小学五年级的时候,学校来了一个新的大队辅导员,他不喜欢我。一次,他通知大队委中午开会,我吃完饭赶紧就去开会的地方,我不是最后一个到的,但他看到我就开始批评我,当着大家的面批评,说我没有带笔和纸,劈头盖脸,很不客气,也莫名其妙。我从来都没有被那样批评过,羞耻、恐惧,也深深地自责:我为什么没有想到?为什么没有做到?太糟糕了……后来,我有时候对自己不是很自信,当大家都说我很优秀、很能干的时候,反而会很害怕,就怕自己做错什么,而要是有人说我怎么不对,我就会陷入自责,就会觉得自己太糟糕了,这就和那个老师批评我的那件事有关系。它似乎是我的梦境的唯一来源,我所有的梦境,似乎都是在对当时的情景进行再现、凝视与拆解。

我梦见这个老师。

就会吓醒过来。

就睡不着了。

到我读高中的时候,当年的一个老师告诉我:那位老师为什么不喜欢你,因为学校给你太多机会,你太骄傲,他要挫挫你的锋芒……一个老师怎么可以武断地挫伤学生的锋芒?这是错误的。一个老师如果不能认识到自己的言语和行为会对学生造成怎样的伤害,也很糟糕。尤其是小学生,还很娇嫩与弱小,还很依赖老师,也没有反抗的能力，对老师更多的是尊敬与顺服，他们更需要的是栽培、浇灌与呵护，而不是粗暴地挫伤。一个老师如果随心所欲地使用批评的权力，批评也太容易了。后来，我自己也当老师以后，我就提醒自己，尤其是对一些好孩子，要更加谨慎地采用批评手段，也许很小的批评，他们都会记一辈子，而且因此受到很大的影响。我也看到有的老师对于一些能干的孩子，通常会过高地估计他们的承受能力，对他们骂得很凶，也很难听，我就会很害怕，害怕那些孩子从此也会受到挫伤，并且会被它的阴影笼罩，挥之不去，也就会越来越不自信。

时间就像一种会消失的物质，它会擦除很多记忆，好的不好的都会被擦除。从小学到现在，过去了那么多年，我对当时的很多记忆都模糊了，除了班主任，其他老师的名字都不记得了，他们似乎也都被渐渐地擦除了，但我却一直都记得那个狠狠批评过我的老师。他就像是我记忆中的一部恐怖片，我以为已经把它遗忘了，但它却会一再地回到我的梦里，顽固地潜伏在我的梦境里，不知什么时候就会浮现，突如其来，它也是最让我惊悚的梦魇。我现在的学校和我小学的学校离得并不是很远，我和那个老师也已经是同行，但是我从来没有想过要回去看他，一点也不想回去看他。"世间孽子、孤臣、义夫、节妇，其贤不肖往往只在一念之差。"①一个老师也许也需要成长，也需要我们对他等待与包容。但是，时间是不可逆的，一个孩子的成长以及生命的旅程也是不可逆的，心念有别，成贤不肖，身为老师还是要能够辨明自己的心念，声声分明，念念不忘，竭尽所能地更多扶持学生，而不是让学生成为老师成长的踩脚石，甚至是牺牲品。如果有一天，那个老师不再出现在我的梦境里，就是在梦境里也被擦除了，也许我也就原谅他了。

---

① 出自《镜花缘》第九十回。《镜花缘》，清代百回长篇小说，作者李汝珍。

张老师的梦

做梦是很累的事情,我每天都会做很多梦,醒来又记不住,还很累。我有很多特别自由的梦。我开着飞机在天上飞,下面有翻滚的云层,还有没有边际的大海和广袤的森林。我在丰茂的青草地上一步一步向前奔跑,也像是在大幅度地跨越,跑得特别快,一直在跑,不知道在跑什么。我在连绵的沙丘的上空飘荡。我也会梦到我喜爱的小猫、小狗,有一次梦到妈妈带回来一只白色的西高地白梗①,有一次梦到自己有一只强壮的小狗,模样像比格犬,颜色又像金毛犬。我还会梦到瑰丽的景色,巨大的烟花在

---

① 西高地白梗为来自苏格兰的西部高地的纯白色犬,脸有点像狐狸,鼻梁较长,样子很讨人喜爱,为玩赏名犬。

高高的夜空中一朵一朵地绽放，就像彩色的流星雨，绚烂、璀璨，男朋友似乎也在一起，但是看到烟花的时候又只有我自己一个人，我还想找他一起看……一个梦接着一个梦，接连不断，就像连续剧，让我筋疲力尽。

我也会在梦里遇到已经离开的亲人。

梦到他们的时候真的很幸福。

有的人只能在梦里遇见。

但是也不能天天梦到。

我梦到姥姥了。姥姥好像从哪里回来，坐在椅子上写字，又准备吃饭，也不说话，只是微微地笑，我竟然能闻到姥姥身上的味道，那是一种肥皂的清香，好像姥姥就在我的身边……我从小就没有见过姥爷，姥姥已经没有自己的家了，有时候住我们家，有时候住姨妈家，有时候住舅舅家，分别都住一段时间，轮流着住。我上幼儿园的时候都是姥姥来接我放学，姥姥会唱很多童谣，会讲故事，但是姥姥不认识字，她就想要学认字。那时候我们家有一本关于食物的书，还有一本关于歇后语的书，都有图片和文字，她就照着写字，学会了写自己的名字，有一段时间她也让我教她写字。姥姥不喜欢闲在家里，喜欢到菜地侍弄各种各样的蔬菜，也喜欢看戏，哪里有戏班子来演戏都要赶去看，更喜欢跟人说话，跟什么人都有话说，能说很多话，有姥姥在的地方，永远也不会冷清与寂寞。我上初中的时候，一天中午，姥姥说她的手凉，让我给她找热水袋暖手，等我放学再回家的时候，看见一个陌生人在照顾弟弟，姥姥却不见了，姥姥脑溢血被送到医院去了。姥姥被抢救过来以后住到了舅舅家，过年的时候，我还给她剪指甲，但是那时候她已经不大知道我们是谁了，可我们觉得那样也已经很好了。大概过了几个月，也可能有一年，姥姥走了。姥姥的生日是七夕，走的时候是端午节，到了节日我们就会想起姥姥。姨妈说，姥姥是想让我们一直都记得她，可我也只能在梦里才能再见到姥姥了。

我的一个哥哥也已经离开了我们。哥哥是很不喜欢麻烦人的一个人，他做地质勘探，经常都是一个人在外面，在祖国很遥远的地方，一个人离我们远远的。哥哥和我们联系都比较少，我最后一次和他通电话，他和我说起了美丽的呼伦贝尔大草原，他说他喜欢辽阔的地方。那以后不久，他在住的地方晕倒了，很长时间都没有人发现，他肯定很难受，他的身体都被地板的暖气烤焦了，太心疼他了……我特别羡慕别人有爷爷奶奶以及姥姥姥爷的疼爱，而我都已经没有了。爷爷奶奶走的时候，我还小，还不知道什么是生离死别，可是姥姥和哥哥走的时候，我已经知道我再也看不到他们了，已经能够深深地感受到那种痛苦。我经常会想起他们，很多时候都想，要是他们在就好了。亲人的离去，是一种永远的遗憾，因为你根本就不能和他们好好说再见，死亡的发生猝不及防，它不会提前预告，也没有商量的余地，我们也都欠缺辨认死亡的能力，永远都无从准备说再见。

当我想念离去的亲人的时候，我就会等待他们能够到我的梦里来，倘若我能够在梦里看到他们的身影，他们永远停留在离去时候的哪怕过去了再久也不会有任何更改的容貌，他们的步履，他们的举止，哪怕它们不是很具体，是模糊的，是恍惚的，而且转瞬即逝，我也会感到幸福。为此，尽管做梦很累，我也还是愿意做梦。梦，也许也是人类生命的一个组成部分，它能予人遐想，弥补缺憾，暗藏启示，它不是可有可无的，如果缺少了它，生命也将会是枯燥的，也是无情的。

黄老师的梦

我怕迟到。如果迟到就糟糕了,教室里要是没有人管,就会天下大乱。昨天,我在赛课,一结束就准备去教研,离出发只有五秒钟左右,班里一个学生的牙齿磕碎了。学生和学生在教室追逐打闹,其中一个被课桌绊了一下,摔倒了,门牙碎了一半。还好不用换牙,只要补牙,还好家长没有不依不饶,否则难以想象处理起来会持续多么漫长的时间。我把学生送到医院以后,还是赶去参加了教研,教研要签到签退,如果请假必须要有学校的批条,而且要提前签批,因此还是要赶过去。只要离开教室,只要不在教室,最怕出这种事情。我也怕自己教不好学生。一个学生,才上三年级,暑假做了很高的一摞作业,那么小的孩子，手部肌肉还没有完全发育好，要写那么多作业，也太累了。要考试的时候，练习的量也都很大，那么小的孩子，也太苦了。他们的童年还能剩下什么？可我又没有办法。我更怕自己当不好老师。我到现在还不知道自己到底是不是适合这份职业，是不是还是去读书更好，是不是还可以去做别的，一直都有疑问，但是始终没有答案，无法回答。

这也怕，那也怕，我就会焦虑。我焦虑的表现可能和很多人都不一样，我睡得着，但是醒得很早，每天四五点钟就醒了，甚至更早，就像老年人一样，离上班还有两三个小时，天还没有亮，但是怎么也睡不着了。我在黑暗中睁着眼睛，辗转反侧。天色在变亮。人醒了，身体还疲倦，不愿意起来。闭眼，尽量让自己平静。时间似乎遇到了巨大的阻力，流动得极其缓慢，有时候也像凝固了。起来的时候，人还是困的。天天如此。这让我很困扰。但它是周期性的，到了寒暑假自然就平息了，开学以前，又开始了。

近期，我又失眠了。因为要赛课，睡觉前都在想哪些细节还要雕琢，怎么样才能达到想要的效果，学生能学到什么，每个环节要怎么推进，学生会怎么回答，越推导越没有信心，没有穷尽……就睡不着了，似乎放空，什么都不想，似乎又什么都想。我喜欢建筑艺术，大学也学过美术鉴赏，我没有信仰，但是当我在图片上看到科隆大教堂的时候真的感觉到了灵魂的直击，只有有一定认知的基础，才会有真正的触动与感慨。可是，现在我们似乎没有可以静下来的时间，很快就要去做什么，完成什么，又能有什么沉淀与感悟？我以前很喜欢到博物馆，还做过一段时间的讲解员，现在想要找人一起去博物馆都很难，都会说为什么要去，多无聊，都是小朋友去的地方。人还是需要静下来去看一看，想一想。我也一定要去看一次科隆大教堂，生活也不止有眼前的柴米油盐……有时候脑子里就像有一群人在打架。思维的走向越来越不可控，一片混乱，几乎脱离时空的法则，越来越杂乱无章。就像胡乱地弹钢琴，就像癫狂地拉小提琴，就像滋啦滋啦的雪花屏，就像毕加索的《格尔尼卡》[①]。抽象，无序，混沌，累，筋疲力尽，烦闷，绝望，最后怎么睡着也不知道。但是，竟然没有很早就醒来。

做梦也许也是一件奢侈的事情，需要合适的心境与

[①] 《格尔尼卡》为毕加索根据法西斯纳粹轰炸西班牙北部巴斯克的重镇格尔尼卡的事件创作的一幅巨型油画。此画结合立体主义与超现实主义风格，表现痛苦、受难和兽性，控诉了法西斯战争惨无人道的暴行。

情绪，它或者也像植物一样需要精心的浇灌。我好像不太会做梦，可能我睡得太少，就没有时间做梦了。或者我是做梦的，但是毫无印象，想不起来，没有任何痕迹，没有余留的涟漪，没有任何可以追溯的根据，好像我被梦遗忘与抛弃了。我还是学生的时候，会梦到作业没有做，考试没考好，干了什么坏事被老师抓到了。更小的时候，我读《聊斋志异》，晚上就做梦：我来到了一个诡异的石洞，它深不可测，我似乎在一层一层地坠落，我遇到了无数的妖魔鬼怪，它们在横冲直撞，我来到了阴森的地府，我好像创作了一本新的《聊斋志异》……之后我没敢再看《聊斋志异》。我似乎只会梦到不好的东西。梦，也许是世界的另一面，或者是另一个世界。我不知道什么时候才会做梦，会做什么梦，它会让我看到什么，会把我带到怎样的世界。

丁老师的梦

我对原来的班级有很多倾注。我用了一两个月的时间观察每个小朋友的喜好，看他们吃午饭的时候特别爱吃什么，又不是很喜欢吃什么，谁比较爱喝汤，以后每次打饭的时候就可以给他们多盛些他们喜欢的菜。我会自己找一些资源，组织他们参加活动，疫情的时候，带他们参加援疆项目的普及普通话的线上活动，带他们练习朗读，拍成视频发给新疆的小朋友，虽然要占用比较多的时间，但也不会觉得麻烦。我会在节日的时候给每个小朋友都准备礼物，每个小朋友的生日，还会分别准备不太一样的礼物，第一年带他们的元旦，学校组织下午半天的义卖活动，我把上午的课也取消了，用来组织联欢会，他们一整天都很开心。我也喜欢给他们做一些记录，每年的运动会、春游、秋游、新年祝福，都会拍下来做成视频，也不觉得浪费时间，我想等他们毕业的时候再拿出来一起看，没想到只带了他们三年……三年以来，他们就像是我自己的孩子，所有好的不好的细枝末节都会牵动我的心。

他们也让我意识到教书育人不是空洞的。

不止有理性。

更需要用情感来浇灌。

我几乎没有遇到过怎么为难我的家长，只有很少的例外。一次篮球比赛，我们班和对方班级相比，已经处于劣势，但是整个班的孩子还是在期待比赛的转机，即使只能够扳回几分也很在意，谁也没有放弃。对方班级的队员都是男生，而且都是校队的队员，来势汹汹，教练把我们班的男队员都派上了赛场，女队员都没有上场。比赛还是输了。一个女队员的父亲给我打电话，他很激动，说明明知道得分已经无法挽回，更应该让所有的队员都有机会上场，参与比赛的过程，但是老师和教练只注重结果，非常让人失望，这样的比赛一点意义都没有……不管我怎么耐心地解释与劝说，他还是很激动，以至于我说我的，他说他的。他最后说，以后班级的活动都不参加了。我说这是你替孩子做的决定，如果孩子也接受就可以，我就把电话挂了。这是后来转学进来的一个孩子，家长相对比较自我，他也是唯一一个我没有办法与之交流，也让我很生气的家长。只是那以后，很快就到了期末，后来我就没有再教他们了。即使有这样不愉快的时候，也分毫不曾减损我对这个班级的投入与热忱。

我也许太在意这个班级了。

似乎一直都害怕失去它。

一年暑假，做梦，梦见学校调整了我的教学任务，校长指着鼻子骂我：你带的班级这么糟糕，不让你带了……我在梦里就哭了，哭得非常伤心。上学期期末，就有老师告诉我年轻老师从一年级带班到三年级，学校会考虑让他再熟悉一轮，问我会不会换班级，我说校长应该会听听我的想法吧。今年暑假疗休养，一个和我一样年轻的同事接到电话换班级了，我也一直在等电话，一直没有等到，但是，我还是换班级了。后来，校长才对我说，我就要结婚，可能马上就要生孩子，对高段的家长不好交代，再熟悉一轮也好。而我是愿意等到学生毕业再生孩子的，可我也只有服从安排，一切已经既成事实。我很舍不得，也很难过。天天做噩梦，都是相似的梦境：我接了一个班，教室里吵得不得了，没有办法控制局面，我非常崩溃；出操，我带着小朋友到操场，迎面看到原来班级的小朋友走过来，和我打招呼，很心酸……我跟未婚夫说，跟他吵架的时候会很伤心，但也从来没有这么伤心。

梦，也许比人更能理解人，也更能体恤人。我也只有在梦里才能翻来覆去地演绎对原来班级的留恋，失去它的惋惜，不可挽回的忧伤。也只有梦可以无限地纵容人类情感的驰骋、宣泄、喷薄。梦，也是人类情感的出口。感情的倾注也不是一朝一夕的，它需要时间的累积、沉淀，也许等到我对现在的班级也慢慢地倾注了感情，就又会催生新的梦境。一个老师的一生，也许也就是不断地倾注感情的一生。

第五章

一节课

一节课
不止于一节课
它也是
训诲
教导
启示
以及对生命的完全

喜欢上课吗
对自己上课的状态满意吗
说说对你有不同寻常意义的一节课
它也许是成功的
也许是失败的
也可以是其他老师的课

王老师

爸爸的主治医生给我上了一节课

我的爸爸生病以后,让我有很多触动的是医生。爸爸得的是小细胞肺癌,是较为凶险的一种肺癌,是病情发展非常迅速的一种重疾,到现在还是没有药物可以医治,即使有再多的钱也不能挽救。爸爸确诊以后,医生说活不过三个月,但是爸爸支撑了三年,连医生都说:"从来没有看到一个人可以有这么强烈的求生欲望。"然而,无论多么顽强的生命力也还是渐渐溃败,无法阻止病情的恶化。爸爸的主治医生知道一切都已经没有意义,但还是在尽力而为,他说:"在你医术有限的时候,你要用你的医德来提高你的能力。"他虽然没能挽留住爸爸的生命，但是给我留下了重要的教诲。

也许我的能力没有那么足够。

但是我可以用爱心，来弥补它的欠缺。

我可以给予学生：爱。

一个学生。妈妈带着哥哥到意大利打工，家里只有他和爸爸两个人，爸爸很粗糙，不能很细致地照顾他。他经常跟着我在学校的食堂吃早饭，双休日就到我家里吃饭，到了初中，没有人管他吃饭的时候，他还是会来找我。他想买耳机，但是不能实现，也来找我，我也给他买了。他有什么事首先都会来找我，好像找到我他就安全了，也有了依靠。他的生活也许有很多动荡与不安，但是因为有我也许就避免了一些有可能会发生的危险。到了初二，他的妈妈拿到了绿卡，他和爸爸也到意大利去了。

一个学生。智力有障碍，做什么都很慢，考试只能考十来分，爸爸妈妈都很优秀，很难面对现实。妈妈有留学的经历，比较理性，虽然痛苦，但还是接受了，爸爸是一个金融单位的高管，完全不能接受，认为他就是没有好好学习，经常打他，打得很厉害，几乎要把他打死。我不停地家访，给他们打电话，劝导他们不要逼他。直到三年以后，爸爸也接受了现实，但是，爸爸妈妈分开了。学生除了智力上的障碍，个子很高，长得很好看，品质非常好，没有一个老师不喜欢他。我尽力地爱护他，所有的活动都不会把他落下，还把他安排在班里最优秀的雏鹰假日小队，让同学们都帮助他，带动他。在一次活动总结的时候，他对大家说：你们收获的是能力，我收获的是友谊……很让人感动。我能做的很微薄，但是如果能够唤起孩子们内心的真诚、善良与美好，也就有它的意义与价值。

还有一个阿斯伯格综合征的学生，我也竭尽全力。还有那个先天性心脏病的学生，我也呕心沥血。还有许许多多的学生，我都最大限度地包容他们。我会把我养的植物扦插起来送给学生，每个学生至少收到过五盆花。我还会准备一些小零食奖励学生，每个星期都会给他们烤蛋糕。我希望我的学生都能快快乐乐……在我们小时候，很容易就会感到快乐，现在的孩子生活在丰沛的物质和汹涌的信息之中，要得到快乐反而要难很多，他们对世界的认识、对人与事物的感知、对知识的了解，以及能够掌握的资料，比有的老师还要丰富，而且宽广，这都在考验并且挑战老师这个角色。但是我并不惊慌，因为我不仅把他们当学生看待，我更视他们为最可爱也最宝贵的生命。

……

爸爸已然离开了我，它也是我生命中轻易不能触及的痛楚。我很愿意继续当班主任，更重要的也是因为它会让我忘记内心的痛苦，也可以把我有限的爱带给更多的人。

潘老师

让我失去了标准的一节课

我有一次失败的比赛经历。

我的职业不是自己选择的。我以前不想当老师,老师和护士我都不喜欢,我会晕血,也不会选择当护士。我的舅舅是校长,他的几个孩子都是老师,我的爸爸妈妈就要我也当老师。读了师范以后,我却也还学得轻松,也得到了很多激发,尤其习作课的老师几乎每节课都把我的文章当范文读。实习时,一个指导老师对我很肯定,他说我不像是实习老师,而像是已经在学校教课的新老师。他是当地的名师,有深厚的文学修养,每一节课都上得不一样,都有不同的风格，都很有设计感与层次感，逻辑性很强，学生也很活跃，每一节课都能给人豁然开朗的感觉，我们都被他的才华与专业素养所折服。他让我好好努力，也让我承担实习汇报课，大家都以我的课为打分的标准。我那时候很喜欢上课，似乎上课就是全部的追求，也以那位指导老师的课为自己努力的目标。

毕业前夕，学校让我参加一次省级的素养大赛。那时候，大家都不知道自己会到哪里去，都有对未来的迷惘，但是，如果大赛能获奖，就会有很多机会，很多学校都会来要你。所有盲选的内容我的成绩都很靠前，但是到了说课的时候我就被刷下来了，盲选成绩在我之后的另一个同学却进入了最后的上课环节，也获奖了。我的班主任安慰我：你不要难过……我很伤心。实习指导老师告诉过我："课堂是一门艺术，也是永远留有遗憾的艺术。"我热爱这门艺术，也很希望得到认可，可是我失去了机会。那时候我们家也出了意外，家里的工厂发生火灾，损失不可挽回。如果我能进杭州的学校，家里就竭尽全力还是留在杭州，不然，全家人就准备离开杭州了。几乎只有这个比赛能够拯救我，可是我失败了。我伤心了很久。后来，我还是考进了杭州的学校，也领悟到：人生可以不那么狭隘，失去了一个机会，还会有别的机会。但是，有过这么一次经历以后,在很长的一段时间,我都不敢再去参加比赛。

我也有过失败的一节课。

工作以后,我一直没有勇气再去参加什么比赛,我工作的学校是一所普通的学校,没有太多的机会,我就只是按部就班地上班与上课,对自己的职业以及人生没有任何规划。工作的前五年,也是一个老师成长的黄金时间,但是我不曾崭露头角,就是白白地蹉跎了。后来,我负责过教导处的工作,也做过科研,越来越偏离了心中有过的热忱。其间,我听过闫学[①]老师的课:《祖父的园子》。我很喜欢闫老师那样对语言的揣摩与咀嚼,也被她的课感染。我也听过陆霞[②]老师的课:《赵州桥》。我不仅喜欢陆老师的课,也很喜欢她这个人,她就是一个只想把课上好的老师。我心里依然隐隐地涌动着对上课的炽热。

就在前两年,我终于又有勇气去参加一次优质课的评比。我准备了四年级上册的课文:《牛和鹅》。我自己独立备课,虽然在过去的很长时间自己在磨课和研课上都很不足够,但我认为自己准备得还是比较成熟的。在上课的前一天晚上,已经很晚了,我把教案发给区里的一位特级

---

① 闫学,全国著名语文特级教师,现任浙江省杭州市未来科技城海曙小学校长。
② 陆霞,浙江省杭州市拱墅区知名小学语文教师。

教师指导，他鼓励我，说我的教学设计挺好的。上课很顺利，抽到的班级不错，学生很活泼，教学设计中有表演的环节，效果比预期的还要好，评委老师纷纷在拍录一些教学情景，时间也控制得刚刚好，有人在议论：这节课不错，有读的，有演的，也有批注的学习……上课以后，紧接着参加一次学习，一个权威的特级教师在讲座中就以《牛和鹅》为例指出："语文不能过分偏重工具性。批注是这篇课文的学习重点，但是上课不能唯批注，一节课怎么能只讲批注……"他的观点对我的课也是一种肯定。方方面面的信息都在指向：我的课应该是一节好课。但是，对一节课的评价似乎可以有很多不同的角度，我的课并没有拿到好的成绩，我最终还是落选了。

从此，我失去了上课的标准。

我不明白该怎么上课。

我不知道怎样的课才算是一节好课。

我以前对待课堂的感情是那么纯洁又浓烈，它在我内心里是那么神圣而值得为之努力，迄今为止，也还没有什么像它那样牵动过我全部的敏感与力量，我曾经想要追求的也是能够通过各种比赛，让大家认可我的课……然而，到了现在，我已经没有激情。比起很多事情，我还是更喜欢上课，但我就只是想踏踏实实地上好家常课了，我觉得这样也很好。

陈老师

让我震撼的一节课

比起讲台，我更喜欢站在舞台上。我对自己上课的状态不是很满意，只能说一般，但是经常有老师说：你就像个主持人一样……如果说大家认为我上课还不错，它可能只是熟能生巧，毕竟我的演讲和朗诵都比较突出，都有优势。我听过曹爱卫[①]老师的一节课：《小猴子下山》。课很简单，就是教小朋友识字，并且能够在生活中运用。我印象最深的是曹老师的语言，她就是跟学生交流，很自

[①] 曹爱卫，浙江省小学语文特级教师，现在浙江省杭州市安吉路教育集团新天地实验学校任教。

然，就好像在和学生随意地聊天，说的话都很平实，但不乏味，也不冗余，学生都很爱听。我觉得这才是真正的语文课，一节好课。但是，要是我这样去上课，可能就会显得语言不规范、拖沓、烦琐。其实越是听起来朴实无华的课，越是需要老师深入浅出，而且经过千锤百炼。

还有一节课更是让我受到震撼。

它是蒋军晶[①]老师的一节课：《海的女儿》。

那次听课要自费去，愿意去的人不多，但是我去了。去了以后很受震撼：原来语文课可以这么上。蒋老师没有怎么要学生认生字，在讲到珊瑚、琥珀、蚌壳、珍珠、牡蛎、鲸鱼、蔚蓝等词语的时候，就是让学生说说这些词语都是写哪里的，你有没有看到过这些事物，然后一起看了它们的图片。蒋老师也没有对文本费尽周折地进行解析，没有要学生一遍一遍地朗读课文。很多老师都喜欢在课上要学生很多遍地朗读课文，第一遍读，第二遍读，第三、第四、第五遍读，说出读出了什么，还读出了不同的什么……在不同的时候读相同的文章会有不同的感受，不同的时间、天气、环境、心境都会影响你对它的理解，也会丰富你的感受，但是，在短短的几分钟之内，就要学

---

① 蒋军晶，浙江省小学语文特级教师，现在浙江省杭州市天长小学任教。

生对同一内容读出不同的感受，它不科学，也太难为学生了，如果这就是语文教学，那也太肤浅了。蒋老师就没有这么做。蒋老师就像一个作家一样，和学生一起探讨：安徒生为什么会写这样一个跟大海有关的故事？童话里总有一些让人感到奇妙的地方，课文哪些地方特别神奇？童话的语言也很神奇，安徒生用神奇的语言描述了一个奇妙的故事，故事后来还发生了什么神奇的事？……他就是一个作家的思维，更重视语言、角色的形象，以及内容的起承转合，从大处着眼，不拘泥细枝末节，不对文章进行肢解，学生反而被牵动与吸引，极为投入。在课的最后，蒋老师说："同学们，我们今天说了这么多，只不过是《海的女儿》这本书的一个结局，有时间自己去读读《海的女儿》，书永远靠自己读出来……"蒋老师喊完下课，却没有人有下课的准备，无论是听课的老师，还是学生，都觉得怎么就上完了，过了好一会儿，学生才站起来，每个人都很震惊，我也很震惊。

一节好的课。

就像一部好的电影。

会让你回味。

回味蒋老师的课，让我有很多领悟。我们从小认识的很多字，并不都是老师一个一个教会的，很多是不知不觉地就学会了。我们拿到一本书，或者一篇文章，可能更愿意自己安静地去读它，而且沉浸其中，我们对它的体味与理解，真的是靠自己读出来的，我们对语言与文字的敏感，也就是自己读了很多文章以及书以后形成的，它是自然而然的，也要日积月累，而不是靠老师用多么高超的教学方法教出来的。如果我们在读书的时候，总是有人在旁边不断地追问，应该怎么读，读出了什么，从哪里读出来，为什么，大概也就不愿意读书了。也许很多人也就是这样被败坏了读书的胃口，从此失去了读书的渴望与热情。

我希望自己有一天也可以像蒋老师这样上课，厚积薄发，既有情怀，也有自己的风格，更能为学生喜爱，不论它需要我坚持多久，也许需要很多年，我也不会放弃。哪怕它最后没有实现，我也会尽我所能地去影响我的学生，潜移默化，让他们能够真正地学会读书，学会语文，终身受益。

张老师

让我怀疑自己的一节课

我没有想过是不是喜欢上课,它就是我要去做的事情,是不假思索的。特殊教育也有教材,也有生活语文、生活数学以及生活适应、领域科学、领域健康等学科,也按年龄分学段,也有从学前一直到职高的完整设置。特殊学生有的是智力障碍,有的是脑瘫、低视力、唐氏综合征,也有的是孤独症。孤独症的孩子就像是个谜:他们很多都长得很好看,但是兴趣狭隘,社交障碍,不会跟人发起互动,坐在一起也不沟通,也不跟别人玩,喜欢固定的东西,行为重复刻板,有的就喜欢看旋转的物体,自己就在转圈圈,有的一直拍手,一直重复某些动作,重复某些字……给特殊学生上课确实很难满意,他们没有什么反应,大多都不理你。我还没有找到得心应手的上课状态,还在寻找中。但是,我自己喜欢唱歌,学生也喜欢上音乐课,只有在上音乐课的时候,他们也才会比较放松,也许音乐是最没有界限与分别的一种艺术,能够触动任何人的神经末梢并且抵达内心。

我和另一个老师一起教过一个卫星班①。两个学生,都是孤独症。一个爱哭,莫名其妙就会哭,有时大哭,有时流眼泪,说话很急促,听不清楚他在说什么,会在课堂上尖叫、乱跑、扔东西、咬书、咬人,要不就哭着找妈妈,暴风骤雨一样激烈地哭。一个喜欢唱歌,每天刻板地哼他自己熟悉的歌曲的曲调,把自己喜欢的文字填充进去,说话很清晰,能正常地交流,但是到处乱写字,在墙上、厕所门口、枕头、被子上写字,冲到黑板上写字,在课件上写字,还会把课件上的图片删掉,也会模仿旁边同学不好的行为,旁边的同学喊妈妈,他也跟着喊。两个孩

---

① 卫星班是指特殊教育学校附设在普通学校、服务于特殊教育需要学生的班级,是促进特殊教育走向融合教育的一种教育安置方式。2015年,浙江省教育主管机构开展卫星班的试点及学术研究,为国内首次尝试。

子原来都在一所知名的普通学校，后来到了不是很知名的普通学校，学校为此开设了卫星班，也让我们过来教他们。

我上了一次汇报课，就是教这两个学生认识五官，让他们指认，找一找哪个是什么，它对喜欢唱歌的学生不难，对爱哭的学生还是难的。那天，只有我一个老师，就把手机架在支架上，放在教室后面录课。两个学生的表现都很不好。爱哭的学生一直在乱跑，不断地喊妈妈。喜欢唱歌的学生看到有手机在对着他拍，不可控制地兴奋，让他说什么，都用自己发明的唱歌的腔调，不好好说话，故意制造很多麻烦。一切都混乱……我好不容易才上完课，我以为他们顶多就是和平常一样，但是他们好像把最不好的一面都展现出来了，我没有预料到会上成这个样子。

我开始怀疑自己。

我不知道自己到底适不适合当老师。

学生还是会怕比较凶的老师，家访的时候，家长也会说你一定要对他凶一点，但是我的性格就是凶不起来。因为我不凶，学生会比较黏我，爱哭的那个孩子有事没事都会跑过来拉住我的手或者衣服，比较依赖我，但要是凶的老师他就不会这样。他们还是会有感受，尽管他们可能并不知道这是出于什么，可我这样就管不住他们。管学生也需要力气，但是我也没什么力气，有时候学生躺在地上，要把他拉起来也拉不动,管也管不住,吼也吼不动,很沮丧。当老师的想法也不是我自己产生的,也不能算是自己的选择……我不得不自我怀疑,但它并没有持续地困扰我,我还是很快就调整过来了。

其实,特殊教育的老师不算辛苦,辛苦的还是那些孩子的家长,他们真的很伟大。我去家访的时候,家长也和我说了他们的无奈:把孩子放在特殊学校可惜,放在普通学校又跟不上。那个爱哭的孩子,家长原来也坚持要把他放在普通学校,慢慢想通了,这个学期送到了我们学校,那个喜欢唱歌的孩子还留在卫星班。很多特殊学生的家长都不愿意给孩子办残疾证,不愿意接受事实,不愿意把他们送到特殊学校,现在普通学校也就有不少特殊学生,但是他们并没有真正地被理解与接纳。对于这些孩子的家长来说,要过一种平凡的生活是很难企及的一种奢侈……特殊教育就是要能够教会这些孩子一些必备的生活技能,让他们在以后也能够通过自己的努力得以生存,因为家长也不可能陪伴他们一辈子。虽然不免有怀疑的时候,但是这份职业还是让我越来越有耐心,我也曾经想过,我应该能够在其中实现自己的人生价值,虽然这些孩子可能永远不会记得我,也永远不会认识我。

黄老师

我不确定它是不是好的课
也没有人能给你答案

迄今为止,我还没有找到适合自己的教学模式。入职已经第三年了,我连到底应该用怎样的语气上课都还不知道。我用正常的语气,听课的老师说,太平淡了,学生都要睡着了。我要是抑扬顿挫一些,又显得女性化。我也想温柔一些,尖着嗓子说小朋友们好,又觉得恶心,也很做作。我模仿其他老师的教态,弓着腰对学生说话,发现要是女老师它就亲切,但如果是男老师,就会显得猥琐。我的语言也太啰唆,而且会重复学生的话,学生说一遍,我说一遍。有时候我和学生开玩笑，他们也听不懂。有时候我讲得激情四射，学生不但没有听进去，而且开始沉默了，好像是我一个人的独角戏……我试图找范本学习，找一些男老师的课对照，又发现他们那样可以，放在我身上又不行。我就像在夹缝里，左右为难，怎么都尴尬，上课就是不如别人。

我听过一节课，也是一个男老师的课。他是北京的一个特级教师，我已经想不起他的姓名。上的是三年级的课文：《漏》。它是一个有趣的民间故事，讲了一个下雨的夜晚，老虎和盗贼都来到老公公老婆婆家，一个想吃驴，一个想偷驴，他们听到老婆婆对老公公说，她什么都不怕，就怕漏，以为"漏"是一种非常厉害的东西，吓得落荒而逃。这个老师很有自己的想法，对课堂的驾驭炉火纯青，整体的教学设计，推进的节奏，说话的语气，举手投足，与学生的交谈，一切，所有，都自然而然，就像一阵风、一场雨、一缕阳光、一株生长了很多年的植物、一条蜿蜒的河流、一片宽广的原野，就不像是在上课，用上课形容都太降低了。他即使在上课，也很轻松，就像只是在陪伴学生，也不说教，没有任何矫饰，他就是他自己……他能让人学习的地方太多了，但又似乎什么也学不来。就像《霸王别姬》中的张国荣，出神入化，风华绝代，但那是学不会的。我不知道一个人要走过多少地方,见过多少风景,遇到过多少人,发生过多少喜怒哀乐,领略过多少穹宇的奇妙可畏,才可以达到这样的镇静,不卑不亢,行云流水。

我不知道自己要到什么时候才能达到这样的境界。

能不能达到。

但它是我最向往的一种境界。

我也上了一节课。它是我第一次参加赛课。我上的是一节道德与法治课。我准备了半个多月,每天晚上都失眠。试教了四个班级。比赛的时候是上得最顺利的一次,之前一些磕磕绊绊的地方突然都流畅了,一些随机生成的细节似乎也都恰到好处。但是,仔细想想还是有很多不确定的地方。我不知道顺利的课是不是就是好的课。一个学生在回答"陌生人敲门怎么办"这一问题时,选择了过激的攻击性方式,有过度反应的倾向,我没有预料到会有这样的反应,直接告诉他危险的行为不可取。我认为自己的处理是正确的,但是不确定评委是不是这样认为,我是不是还可以有更委婉的方式。有一个我和学生一起角色扮演互动的环节,我们应该融合得还不错,虽然彼此的语言都不是很规范,但是状态都是放松的,后来回想又觉得还是粗糙。我不确定这样的课是否能够真正地启迪学生的内心，还是从头到脚都在演戏，至少开头的一段话我确实是背下来的，特别像在背台本，太像演戏了。整节课还是不够圆润，还是比较平淡，没有精彩的PPT，没有五花八门的道具，没有更多的创意与惊喜，或许内容选得不对，或许选别的课会更有亮点……我不确定它是不是好的课，一节课又究竟要怎么样才算好，也许每个人都有不同的答案，也没有人能给你答案。

台上一分钟，台下十年功。我就像是一个还没有来得及好好练功的演员，还有很多纰漏。在此之前我不知道课前熟悉学生可以做些什么，以至于什么也没有做，根本就没有进行应有的熟悉，可我一直到下课才发现。学生提前十分钟入场，我没有经验，没有提前准备，不知道该跟他们说些什么，说远了怕收不回来，说什么都刻意，只是和他们寒暄了几句，就让他们静静地坐了很多分钟……但是，舞台毕竟能磨炼人，经过这次上课，我还是得到了历练，对自己有了更多的检视，对于课堂也有了更深入的理解。也许我还是懵懂的，在未来的很长时期可能还会延续这种懵懂，但是有一天也许就豁然开朗了。我期待自己的豁然开朗。

丁老师

一节课不止是一节课
它不是孤立的
它是综合的

我不知道世界上怎么会有公开课,它是谁想出来的,它从什么时候开始存在,它是不是必须存在。我更喜欢只是和学生在一起的课堂,学生不理解的时候,我可以多讲几句,有的问题可以更充分地展开,也可以说说课文以外的故事,它看起来和课文没有关系,但是可以让学生更好地理解课文,学生说错了也不会紧张,学生偷偷地笑也没有关系,学生放松,我也放松……公开课就不能这样,教室后面坐着很多老师，教学环节环环相扣，少说和多说一句话都可能影响环节与环节的起承转合，学生要默契地配合，不能有意外，压力很大，让人惧怕。有的公开课甚至还有一套课堂记录系统，对于老师讲了几句废话，整节课有多少无效问题，又有多少有深度的问题，都会生成数据分析，就像时时刻刻都有一双眼睛在追踪你，让你也像机器一样运转。每次的公开课都要试教，修改，常常都是大改，改着改着脑袋就会混乱，但也还是要改，而且越是希望它完美，就越容易紧张，很容易忘了哪个环节，都要试教过很多遍，磨得很成熟，才有信心上好。

每次接到公开课的任务，我就希望它赶紧结束。

不安心。

煎熬。

很期待回归正常的上课状态。

我第一次上公开课，是一次校级的赛课。我上的是一年级的课文：《比尾巴》。第一次试教，在一个礼堂上课。礼堂很大，可以坐下一个年级的学生。班里的小朋友从来没有到过这样空旷的地方上课，他们平时很活泼，也很爱发言，但是到了礼堂以后好像突然失去了合适的尺度，似乎受到了什么不安的压迫，突然就非常安静。那天也没有用话筒，无论是我的声音，还是小朋友的声音，似乎都被空旷的空间吸收了，削弱了，稀释了，放逐了，都轻轻柔柔，听不太清楚。空气寂静。时间就像被什么卡住了，又似乎在以冰河的速度极其缓慢地移动，似乎说一句话就需要一年，仅仅一个微笑就已经斗转星移。小朋友都非常紧张，拘谨。我也非常尴尬，不停地看手表，不知道它什么时候才可以结束。后面坐了很多老师。终于下课。评课的时候，一个特级教师说：整节课，丁老师最热情洋溢的一句话，就是小朋友再见……一节失败的课，但是我还算有自我愈合的能力，还能够自我安慰：还年轻，一切都还来得及。后来，继续一次次地试教，昏天黑地地上了超级多遍，到了比赛的时候已经滚瓜烂熟，终于有了满意的呈现。它让我认识到，一节课不止是一节课，还包含着一个老师的意志、品格、审美、对学生的看待、对教学的理解与信念以及对生活的追求，它不是孤立的，它是综合的。公开课的意义，或许也就是可以促使一个老师不得不把自己暴露在众人面前，接受检阅，面对成功与失败，从而迅速地成长起来，也得到成熟。

可我还是更喜欢常态的课堂。我也听过很多公开课：独到的，新颖的，层次迭进的，一气呵成的，无可挑剔的……我也想这样上课，但是很难做到。它们往往需要很多事先的准备，以及各种资源的支持，很难在常态的课堂实现。我更想要听的也是名家的常态课，只有一支粉笔，以及简单的PPT的课堂，也才能够让我们真正地学以致用。我听过薛法根[①]老师的一节课：《火烧云》。那是一节朴实无华的课，没有更多手段的辅助，没有更多的雕琢，不取悦任何人，一切都节制、安详、美好，而又新鲜。但那也是很难模仿的一节课，因为它已经不是一节课，它更像是一个老师生命的结晶。一个人只有在走过很多路，也经历了生命的很多淬炼以后，才能凝结出那样的结晶。它没有捷径，不可能有捷径。我只有老老实实地上好每一天的常态课，去经历它们的滋养与启迪，心平气和，从容不迫，越来越明晰自己内心的准则，也才有可能凝结出自己生命的结晶。

[①] 薛法根，全国著名语文特级教师，现任江苏省苏州市吴江区程开甲小学校长。

第六章

我的应许之地

也许我们仅仅是微尘
也许我们能够盼望
与能够企及的
也很微小
可那也是我们的应许之地

想要成为怎样的老师
想要成为一个怎样的人
想要抵达怎样的人生境地
和希望的接近吗
还有多少距离
有什么遗憾

王老师

一个平凡的老师就已经很好了

我曾经也梦想能够成为一名特级教师，可是，我发现要成为那样的人，要牺牲大部分的生活。没有时间养很多植物，更不可能关心它们怎么抽枝长叶，怎么一夜之间吐露芬芳，也有可能在一夜之间枯萎、凋落，它们又怎么积蓄力量，孕育重新的生长。没有时间去选择可以和自然在一起的地方喝茶，没边没际地说很多话，时间也随之无声无息地流逝。没有时间走路到菜场买菜，对比哪家的鱼虾更加鲜活，哪家螃蟹的钳子更有力量，哪家有地道的土生姜与土黄瓜，哪家有自己腌制的咸菜。没有时间逛商场，不一定要买什么，只是看看橱窗的陈列有什么新的变化，也很美好。没有时间爬山，烤蛋糕，去寻觅藏在不知哪条巷子里的美食，到更远的地方看没有看过的风景。会牺牲很多自己喜欢的东西……我也不是没有为之努力过，我也很积极地上公开课，埋头写论文，但是我发现有的老师可以通宵达旦地写一篇教案，可以一个人对着空气声情并茂地试教，可以忍受其中的麻烦、枯燥与寂寞，可以牺牲很多休息的时间，我却不能很长时间地集中注意力，很容易就会分散思绪：可以到哪里吃好吃的？什么时候才可以去爬山？……有一次要上公开课，教研员要和我一起讨论教案，给我打电话，我生病了，在医院看病，教研员说看好以后可以去找她改教案。我意识到，不行，这不是我想要的生活。

那可能是一个梦想。

但是我够不到。

后来，我想去评市教坛新秀，但是我又发现自己和别人的差距真的很大，最主要的是论文的差距。我可以写案例，但是写论文就有困难，别人可以为了写论文殚精竭虑，我就是做不到，也写不出来。我的班级管理，我对学生的耐心，我批改作业的细致程度，我对待课堂教学的认真与踏实态度，也许都要比他们更好，但我就是不会写论文。然而，很多评比都需要论文。有的老师没有更多的精力管理班级，没有更多的时间和学生在一起，学生会在课堂上打架，成绩也不是很好，但是因为会写论文，或许就可以得到一些荣誉。它让我很纠结：论文能反映一个老师的品格与人格吗？不会写论文的老师就没有丰富的内涵以及思想的高度吗？论文究竟能够说明什么，又意味着什么？一个老师一定要写论文吗？对于一个老师究竟什么才是最重要的？……我曾经也患得患失，陷入自我怀疑，拷问自己为什么就得不到相应的荣誉，而我最终放弃了对一切荣誉的执着。

  一个老师要能够只是老师也并不容易。老师要做很多和教学没有关系的事情，要迎接很多检查与考核，填很多表格，交很多材料，落实很多活动，开很多会，有时候忙得好像连上课的时间都没有，好像上课反而是次要的，要想只是备课与上课也很奢侈。老师要是关心学生的学业，哪怕提很多要求，家长也都会配合，并且感激；老师要是催促家长完成非教育的内容，什么投票、接龙、答题等，家长就容易抵触，也会引起家校矛盾，对老师也会造成很多消耗……老师还要参加很多培训，每个星期都有一两天要外出，都要艰难地换课，可有的专家每年都来讲座，过去了很多年，讲的内容几乎没有变化，就连案例也一成不变。也许他们中的很多人已经离开了讲台，不再和学生在一起，已经不在教学的现场，已经不能对教育的新陈代谢保持敏感，能够讲的只有很多年以前的经验，他们停留在了一个叫过去的地方，失去了更新的能力，也就变得陈旧了，我也不羡慕像他们这样的人生。我还是更愿意和学生在一起，和他们说话，倾听他们的苦恼，处理他们之间琐碎的矛盾，看着他们成长，以后他们也会记住我。一个平凡的老师就已经很好了，他也才最有可能度过桃李芬芳的一生。

潘老师

我现在追求的就是让自己丰盈起来

我是一个懦弱的人。别人要我干什么就干什么,不敢有自己的坚持。别人要是不高兴,自己也会更不高兴,好像不高兴都是我造成的。要是上公开课磨课,也容易被别人牵着鼻子走,总觉得别人才是对的,就会迷失自己,效果也不好。很多人会给很多建议,我就会被左右,觉得应该要朝着大家建议的方向努力,又发现很多事情并不是自己真正喜欢的,不知道意义在哪里……过去的很多年,我就一直陷在这样的场域里,一直没有想明白,在这个世界上还有很多事情都可以充实我的人生。

我也是一个很割裂的人。当老师太耗心力了，我似乎已经把我所有的耐心与爱都给了学生，已经把我所有的精力都掏给了学校，我已经没办法再投入更多，每天都很晚回到家，已经没办法也没力气更多地管自己的孩子。女儿参加一年级新生体验要跳绳，我没有陪她练过跳绳，只在睡觉前问过她爸爸她会跳绳吗，爸爸说会的，结果不会跳。她在家是会跳的，但是学校的绳子和家里的不一样，她就跳不好了。幼儿园的老师也对女儿说过，怎么老师的孩子都不会跳绳，但是她回到家都不会跟我说她受到的委屈。我跟家长们说，要有时间听孩子说话，要给孩子足够的安全感，但是我自己却做不到。女儿上学以后，每天都有很多任务，还要在九点以前睡觉，每天时间都来不及，她只能见缝插针地跟我讲几句班里发生了什么，我也要打断她的话，她说她手上受伤了，我也无暇仔细看，我也很无奈。我也会反省：我在大家面前那么积极热情，回到家也应该一样，不能脾气上来就大吼大叫，一定要收敛自己，不能把坏情绪带回家，不能让家里人感受我的低气压……可很多时候想的和做的还是割裂的。

但是，我现在已经不像以前那么纠结了。

我现在追求的就是自己认可自己，让自己丰盈起来。

今年，我们一家人一起去了一趟很远的地方，走了有十多天。过去的六七年我都没有出过远门,要是不得不出去,最多两三天就回来,心里很放不下,不舍得家里的两个娃。当你在路上,在越走越远的时候,你就会感受到世界的苍茫以及人生的辽阔,就会得到挣脱与舒展,内心就像经历过冲刷与洗涤。在路途之中,我默默地对自己说了很多话:都快四十岁的人了,怎么还那么幼稚,要让自己成熟起来,也坚固起来,两个娃不仅需要我,也要跟着我长大,要带给他们更多的力量……最近一次要上一节公开课的时候,我就没有再和大家讨论,我也再没有多余的精力去在乎别人的评价,我就是按自己的想法上课,效果却意外地好,也得到了研究员的认可。我以前看过绘本《失落的一角》[①]:一个圆缺了一角,它一边唱歌一边寻找那失落的一角,但是当它找到与自己最合适的那一角的时候,它却发现自己再也无法唱歌了,它又放下了那一角……也许我们每个人都有缺少的一角,而我现在已经能够接受自己的欠缺,我反而不再像从前那样飘摇了。

还是在读师范的时候,老师问了一个关于古文《弈

---

① 作者谢尔·希尔弗斯坦,美国诗人、插画家、剧作家,享誉世界的艺术天才,主要作品有《失落的一角》《爱心树》《阁楼上的光》《一只会开枪的狮子》等。

秋》①的问题,大家都回答不出来,我也回答不出来。查了资料以后,我发现这不是我以前看过的吗,可我只是浮光掠影,浅尝辄止,看了也就忘记了,我觉得很羞愧:自己的储备还很欠缺,还有很多不足,怎么足以为人师?……我一直特别喜欢读学生的作文,有些写得真的很有意思,会让你看到成年人的世界里很少有的纯真、烂漫、跳跃、奔放、奇异,会让你惊叹、欣喜与感动,每一篇都舍不得丢掉,都保留起来,它也会让我看到自己的匮乏,觉得自己还是没有更多的东西可以给学生。我以后也想写写学生的故事,把它记录下来,现在就是想想而已,但是我想它会实现的,到了那时候,我的生命应该也会是丰盈的。

---

① 《弈秋》是出自《孟子·告子上》的一篇文言文。

陈老师

十年
二十年以后
我也会给自己写一本书

我最大的遗憾,是看到有很多老师都在被裹挟。大家似乎永远都在考评与争先,评论文,评优质课,评各级各类的先进,评很多名目的荣誉,评职称,永远都有眼花缭乱的评比,永远都在做这些事情,它就是有一种特殊的力量,像汹涌的暗流,冲击着许多人,也在席卷着许多人。如果没有这些评比,老师可能会更平等,也更纯粹。可是,如果有一天这些事情都不需要做了,就只要安安静静地教书，他们还能有自己的志趣吗？他们的精神世界以及人生还能充实吗？他们到了退休以后，到了不再被工作需要的时候，还能有自己的寄托吗？他们会为了班级在什么检查中多扣了两分哭，号啕大哭，也在家长面前哭。他们会因为担心学生的成绩掉下来一分两分，下课也不让学生离开教室，好像教室就是牢笼。他们被各种来路的专家左右，常常都在纠结：我认为自己的课上得好，专家为什么不认为好？我认为自己的论文已经写得不错，专家为什么不这么认为？……他们好像不关心宇宙有多么气势磅礴，大地有多么辽阔，山川有多么苍莽，大海有多么深不可测，西藏有多么美丽，深夜一两点的宝石山有多么迷人，清晨的空气有多么清新，天空中飞翔的鸟有多么灵巧。你没有办法跟他们解释，要看过很多书，涉猎很多教育以外的内容，触类旁通，才能从一节课里挖掘并且提炼出很多更有价值的东西，才能真正地上好一节课……他们的世界好像就只有眼前的工作，一切都围绕着工作，一切的喜怒哀乐也都来源于工作。我真的不能理解。这好像也不是我想要的生活，工作的意义到底是什么，我还在寻找。

　　我更大的遗憾，是我没有办法改变这些，甚至还在适应它，但是，我告诉自己：我现在适应它，是为了让我自己以后有能力去改变它。我想除了工作以外，要能够有时间去做自己喜欢的一些事情：坚持一项运动，学习游泳、打网球，把小时候学过的琵琶捡起来，去看看不同的国家，去一趟拉萨，读书，写作，就是写给自己看也行。我想能够跳出工作看工作。我想获得心灵的自由，而又能够养家糊口。我想我以后如果有孩子，一定要让他（她）到那些很好的大学去，走进它们的图书馆，那里会有很多蕴藏。而我最想要做的还是去改变，如果我有更大的能力，就要去做出更大的改变；如果我只有微小的能力，也要去做力所能及的改变。只有改变，世界也才会吐露新的生气，也才会获得真正意义的进步。它也许困难，也许很缓慢，但是值得为之努力。

似乎很少有人会把目光投向一线教师，有人愿意写他们的书，我也能够在这么年轻的时候就有机会在其中袒露自己，也照见自己，并且审视自己，真的太幸运了。我特别想看到一本真正写一线教师的书，我想去感受它的情意与力量，也许我能从中看到，原来不止我一个人在迷茫，在思索，在寻求，也不止我一个人有诸多内心的奔腾与向往，而且还能从中找到答案与归宿。十年，二十年以后，我也会给自己写一本书。

我和希望成为的我自己，还有很长的距离。

但是我在努力。

每一步都在靠近。

我才刚起步。

我给自己二十年的时间。

慢慢走。

……

无论如何,一切的生命都无与伦比,每一个人也都不可被模仿,时代的途辙也永远不会重复,我也会步履不停地向前走,走向那个最好的我自己。

张老师

我想成为一个美好的人

我的眼睛看到了这个世界的很多残缺。怀孕的妈妈酗酒、抽烟。胎儿缺氧、感染，出生的时候窒息。冷漠的父母。很多难以溯源的意外。生完孩子以后发现是特殊的孩子，丢给爷爷奶奶管。不能承受孩子是特殊的孩子，离婚，妈妈一个人带两个孩子，两个孩子都是特殊的孩子。学习能力尚且不错的孤独症的孩子乱拉大小便，到处拉，让人忍无可忍。也是孤独症的孩子，只会像机器人一样说话。有的孩子要学会基本的生活技能是那么艰难，不会使用勺子，用手抓着吃饭，不会拉拉链，不会穿鞋子，有的没有能力理解你在讲什么,只是沉浸在自己的世界里,有的也不懂得怎么和别人打招呼,只会冲过去抓手、拽头发,甚至一个巴掌拍过去……我的眼睛也看到了这个世界的很多惊喜。那个爱唱歌的孩子说,他听到了彩虹的声音。还是这个孩子,他之前都用自己喜欢的文字哼歌,有一天突然唱了歌曲本来的歌词。一个孩子要在老师的辅助以及图片和实物的提示下才能艰难地数数,慢慢地自己能够从一数到二十。一个孩子不再把大便拉在外面,知道要拉在大便池里了。一个孩子离开座位的行为减少了。一个孩子对老师产生信任,攻击的行为减少了。一个也是孤独症的孩子见到我会主动打招呼,会拉着我的手,也会抱抱我。一次下课,她不肯站起来,她说她不想下课,还想上我的课。她经常对我说:张老师,我想上你的生活适应课……我不知道这一切要对我诉说什么,但是它们确实在诉说。

我还在聆听。

我也还在理解。

我大学时候的同学,有的在大学里就转了专业,有的在读研究生的时候换了专业,有的出国去了,有的从事了别的职业。他们害怕看到特殊的孩子,或者对自己学习的专业没有信心,对自己缺乏勇气。有的人以为特教老师很轻松，一个班只有几个学生，顶多也只有十几个学生，没有分数排名，没有压力。有的人以为特教老师的趣味以及智商也会受到特殊孩子的影响。有的人就是用特殊的眼光看待特殊教育。有的人没有关心过特殊教育。有的人不知道还有特殊教育……他们肯定没有沉淀下来聆听过世界的诉说，他们对这个世界也还没有更多的理解。

今年的教师节，爸爸给我发了一段话，大概是说他认为我现在非常热爱自己的事业，祝我节日快乐。可是，我一直都是被动的，师范学校是妈妈选择的，专业是被调剂的，我为这个职业好像没有主动做过什么。我知道它很有意义，应该把它做好，但还没有达到热爱的境界，也许我还需要经历更多才能达到这样的境界。人生也有很多可能。不久以前我还认为自己会一直当老师，一辈子都会当老师，但是现在我也会尝试着想一想：如果不当老师，我还能干什么？然而，实现人生价值的途径很多，不管从事什么职业，都可以实现价值。哲学上说实现价值的根本途径就是：劳动和奉献。劳动的途径有很多种，奉献的方式也有很多种，我现在是一名老师，我就要做好老师应该做的事情。

新教师培训的时候，有一个领导讲话，希望我们能够做一个优雅、从容、智慧、自豪的老师。它也是我想要做到的,但它是很高的目标,我和它还有很大的差距。校长提醒我说:在学校走路就好好走路,不要跑来跑去……我还有很多的不成熟,还不够稳重,遇到很多事情容易慌乱,不能淡定,有时候也会突然地没有自信,还需要很长时间的领悟与沉淀。而我更想要成为一个美好的人。我最喜欢的词语就是:美好。它好像能够涵盖所有好的东西。我最向往的人生境地,也是真善美的境地。

……

我没有跟别人说过这么长时间的话。

没有过这样的经历。

而且说得很放松,也很舒服。

我也没有想过有人会把我写进一本书里。今年的世界孤独症日倡导:世界因多样而美丽,孤独症人士是这个多样化世界的贡献者。所有的特殊孩子都是这个多样化世界的贡献者。所有人都是。我们也是。一本书,也会有它的贡献。

第六章　我的应许之地

黄老师

**我想要站稳讲台
成为一个好老师**

我以前所有的经历都还不能说难,我也还没有切身体味过人生要怎么样才能说难。当了老师以后,我发现这个职业是真难,最难的是跟人沟通,跟人打交道真的太难了。一个学生拿了隔壁班一个学生的奖励币,隔壁班的老师调了监控,拍了照片,拿着证据来找我,我没有经历过这样的事情,很不成熟,吓坏了。我马上联系家长。家长反而质问我:为什么要说他的孩子是偷,他还那么小,还不知道什么是偷,他是拿;为什么他的孩子会做这样的事情，是不是你没教育好；如果是老教师都会护着自己的学生，你就是新老师……家长咄咄逼人，不肯罢休。于是，学生的问题变成了我的问题，都成了我的错，我怎么做都不对，我又吓坏了。我陷入了自责：我没有做到相信我的学生，我为什么不相信他？我是否给他造成了伤害？我太着急了，我如果不那么着急，不马上联系家长，如果能够先冷静下来，是不是就会不一样？……我已经不是第一次领教这样的窘迫，屡屡面临窘迫，我也陷入了郁闷。一个老教师宽慰我：你一定要说出来，不要都自己一个人闷着，要闷坏的……我很感动，眼泪都要流下来了。

当老师虽然难，但也还是会有很多感动。一个学生，一个问题跟他说了很多遍，还是不懂，都要哭了，突然眼睛亮起来，说，哦，是这样的，那一瞬间，你真的能够看到教育的成就感，虽然它是那么微不足道。一个学生，不会跳绳，但是很有毅力，每天都在很认真地改进，两年以后，能够跳满分了。每一个学生取得一点点进步时，那种笑与纯真，都让我触动。学生一个个都在拼搏，拿到了接力赛的第一名。学生写一个最熟悉的人，除了一个写数学老师，三个写亲人，其余的都选择写我，他们写我的幽默、有趣，他们尊重我，也亲近我，他们也是我心底的流水与花火，长歌与芳草，以及支持与力量……我被感动着，我也在用自己的方式努力着。我没有要我的学生一天到晚都像小松树一样坐得笔挺，那也太辛苦了，那得多累。一个学生忘了戴红领巾，一个学生不小心把纸片掉在地上，班级扣分了，星级班级拿不到了，我也不责怪他们，他们不是懒散，他们已经很努力了。也是一个老教师告诉我：作为老师，他希望学生整天都坐得端端正正，但是如果作为家长，他不会希望自己的孩子这样。这位老师把自己的女儿培养成了前卫的创意建筑师。有的要求我们自己也做不到，也从未达到那样的高标准，而且永远达不到，我不想苛责学生，不会太严肃，学不来，也不想学。学生其实很懂事，他们知道我什么时候是认真的，也不会太放肆。我们班的纪律虽然不算最好，但也不能说很差，不过，我希望他们大课间的时候还是要更有纪律。

我还是有很多担心。我担心学生的学业，始终想让他们能够学得更好一点，但是还没有做到。我自己最大的遗憾就是没有读博，如果我小时候能够做更多的作业，如果高中的时候能够更努力，会怎么样？是不是能够读一个更好的大学，也就不会碌碌无为？但是这个世界上没有后悔药，还是要告诫后代：少壮不努力，老大徒伤悲；现在不努力，以后都要还回来……我也担心自己。我本来也不是干脆的人，现在更加婆婆妈妈，感觉每天都有很多的消磨，好像卷入了时间的黑洞，眼睁睁地看着时间被撕裂，飞散，并且迅速地消逝。我不是很愿意承认自己天赋不足，可是，一个老师就曾指出：我灵气不足，缺乏课堂教学的灵气。我以前以为自己还是厉害的，入职以后发现厉害的人太多了，有的人就是可以做到一节课下来一句废话都没有，学生的表现非常好，没有任何突发情况，一切都在掌握之中，我就是做不到。

我现在就像一个挨老师批评的学生。

不是我一个人焦虑，还有比我更焦虑的。

我忘了是在哪里看到过一段话，大概是说一个父亲告诉儿子："天地君亲师。教育人家子弟读书，是一日为师，终身为父，不用去得罪人，人家还要感谢你一辈子。读师范吧，当老师最好了。"那也许还是一个朴素的时代。虽然时代不尽相同，但我也还是有最朴素的心愿，我就是想要站稳讲台，成为一个好老师。首先，不要耽误学生，不能误人子弟。另外，业务能力要过关，如果能够更加精进，也能争取应有的荣誉，那就再好不过了。此外，也要好好生活，只有自己生活好了，才能传递给学生更好的东西。我现在离好老师还很远，还需要很多努力，还要走很长的路。

丁老师

我最想要抵达的人生境界
就是要能够松弛

我希望我的学生能够成为一个真诚的人,过去的三年,我花了很多时间教导他们,看待所有事都要保持一点善意,也要更多地看到别人美好的一面,希望他们在未来的人生中回首起来,能够忆起我曾经这样教导他们,也好像影响过他们。我不希望我的学生对于我教导他们的那段日子,在以后的人生里会有不好的回忆,会记得我以前有哪一句话曾经伤害到他们,曾经怎样武断地评判过他们。我对学生说的话都要经过思考,我对现在带的这个班级的学生，还会更加注意细节。

　　学校经常会有要家长在手机上接龙的任务，家长不免就有情绪，老师也很难做，但我还是想把它做好。一次，一天就有三个任务，我非常害怕，我如果是家长，也会反感，但是学校要统计每个班完成的情况，还是不得不做。一个家长就在班级群里质疑其中一个让孩子在课外学习法律的任务，认为它对于这么小的孩子毫无意义，就是形式主义，希望我向上级反映。我还是字斟句酌地与她交流：慢慢渗透，也有好处……家长的情绪也就平复了。我对现在这个班的家长也还是会这样坚持。

　　一次，有一节公开课大家都不愿意上。我已经通过普通话二甲的考试，但是还想冲一级的考试，在竭尽全力地准备，那段时间就只专注这件事情。学校却要我去上课，打乱了我的计划，我很难过，我说我没有精力对付。分管教学的副校长告诉我：要往好的方面去想，把握住机会……我还是接受了。

　　……

　　我对自己有很多要求。

　　会给自己很多压力。

　　也会很累。

　　我在学习让自己能够更松弛。我最想要抵达的人生境界，就是要能够松弛。妈妈作为校长很不轻松，每天都要面对各种各样的状况，应接不暇，马不停蹄，很少有时间去做自己喜欢做的事情，也没有更多的时间可以好好休息，她已经很久没有出去旅游了，但是，她可能也乐在其中。妈妈最希望我在工作上有进一步的发展，以后也能像她一样，我就很抗拒。我只想一直当班主任，带一个班的学生，一辈子站在讲台上，一辈子和学生在一起，就像郑英[①]老师那样，她的状态才是我最羡慕的状态。我希望自己在工作的时候可以全身心地投入，但是，工作以外还是能去做自己喜欢的事情，可以去很多想去的地方，拍摄不同的照片，研究自己喜欢的事物，丰富自己的人生。

参加这个工作室，就是我的一次坚持。在所有的工作室当中，它最别具一格，我一眼就看中了，马上就提交了报名的表格。可是，校长已经给我安排了一个工作室，已经推荐了我。我拒绝了。报名的表格需要校长签字，校长不给我签字，把它退回来了。我想不通：为什么这么简单的一件事情都不能做自己的选择？我哭了，哭得很伤心。爸爸妈妈知道以后，很支持我，我也更加坚定。我打电话给校长，试图与校长交流自己的意愿，可是校长似乎故

[①] 郑英，浙江省德育特级教师，现在浙江省杭州市天杭实验学校任教。

意不接受交流。过了几天，校长看我还是很坚定，就对我说：他还是很尊重我的想法，年轻人能够这么有想法，很有个性，也让他想到了他自己年轻的时候……我还是成功了，它也是我的一次突破，让我看到了勇敢的自己。

工作室不但没有让我失望，而且比我想象的更加馥郁。它就像高远的山巅，也像可以无限延伸的森林，能够让你呼吸到最充沛也最清洁的氧气。它能够让你得到补给，吸收，恢复，超越，巨大的平静，并且见识辽阔的世界。它是柔和的，但是又很有力量。它也让我得到了我最希望寻求的松弛。它是我的一种开始，让我看到了生命的另一种可能。

后　记
我们的荣耀

它是我们未竟的事业，
也是我们共同的荣耀。

许多朵鲜花,

都盛开在无人见到的地方。①

(詹姆斯·乔伊斯)

题记

又要去北京。二十一年前,我来到杭州定居。二十七年前,我第一次到北京,住在大栅栏的胡同里,住的是没有窗户的逼仄而狭小的旅馆,我在胡同里迷失,夜色苍茫,我坐在黄包车上,惊慌地穿过一条又一条胡同,每一条胡同都是相似的,怎么也找不到旅馆……那时候,我觉得北京的楼房、道路、广场,一切,都太大了,庞大,巨大,不能承受的大,自己在其中渺小得似乎无法存在。而我没有想到在以后北京会是除了杭州以

---

① 出自《尤利西斯》第二部分第十二章。《尤利西斯》全书共十八章,分为三个部分,英文原著700多页,但只写了一个人在一天之内的种种经历,被称为全世界最难懂的天书,很多读者会把这部书视作阅读生涯挑战的高峰。

外，我去得最多的城市。我喜欢离开熟悉的地方，到陌生的地方去，到很少有人认识的地方去，到更远的地方去，到更大的世界去，喜欢在路上行进的感觉，喜欢从一个空间疾驰到另一个空间，就像在星际之中迅速地漂移与切换。越来越快的高铁。北京的夜。越晚越喧嚣的簋街①。暗夜尽头的白昼。清澈的阳光。越是冷峭越能够让人冷静的空气，清洁的空气，所有的尘埃似乎都消遁的空气。很高的树。很多次浮掠的白塔。很多次穿行的长安街。很多次经过的天安门城楼。天空。翻滚的云层。接近一万米高度的飞机。不能捉摸的气流。不可避免的颠簸。寂静的机舱。渐渐缓和的气压。越来越清晰的灯火。落地。从一座城市返回另一座城市。

而我听到的是时间在呼啸的声音。

时间在所有人的生命中呼啸。

它呼啸过一代又一代人。

---

① 簋街，又称"鬼街"，位于北京东城区，全长一公里多，毗近很多大使馆，为北京著名的美食街。

一 代 人

　　小学一到三年级，我在村里的学校上学，是复式班，三个年级只有一个老师。学校只有两间泥土房，一间用作教室，一间堆积杂具。一段走廊，墙上挂着一截铁块，用来敲钟。一小块操场，坑坑洼洼，到了下雨天，就像小池塘。一个小花坛，用乱石围起来，种着很多丛美人蕉。一堵破敝的围墙，围墙外有两棵高高的榆树，树上会有成群的麻雀停留，又哗啦啦地飞走。老师是民办老师，除了教书以外，也要和村里的农民一样种田，但他是村里最受尊敬的人，村里的人只要请酒，都要请他吃酒。老师吃过酒会趴在讲台上醺睡，醒过来上课的时候还满脸通红，但是不会忘记训诫学生："夜里放电影，没有做完作业不许看。"夜里，大家都在晒谷场上看电影，老师却拿着手电筒巡视，没有做完作业的学生侥幸躲在黑暗里，还是被发现了，只有回去先写作业。

　　小学四到五年级，我要到七八里路以外的别的村里上学，每天走路上学。天没亮就要出发。很多田埂，会突然蹿过不知什么畜生。很多路都沿着山脚，山上有醒目的坟头。路过的村庄有狗，很远就开始警惕地叫唤。冬天寒冷，积雪可以没过膝盖，山崖上悬挂着结实的冰凌。一次，我又没有吃早饭，胃痛，冒冷汗，不能继续上课，语文老师推着自行车走路把我送回家。一次，我们太贪玩了，所有人的考试成绩都很糟糕，班主任老师在黑板上写了两句话：墙上芦苇，头重脚轻根底浅；山间竹笋，嘴尖皮厚腹中空。老师说："你们光记着玩，是想做墙上芦苇和山间竹笋吗？"一个很年轻的女老师，是代课老师，批评学生的时候脸会唰地涨红。我是毕业班里成绩最好的学生，学校为了让我能够有更多的时间学习来考上重点中学，就让我住到这个老师的宿舍里，不再来回走路。宿舍只有很小的一间，陆续又有学生想住进来，老师也都答应，睡不下的就打地铺，一直到我们毕业，老师没有收过一分钱，就连一棵菜也没有收过。

我考上了重点中学。学校毗近县城。操场很大。操场的围墙外面就是开阔的江水，江岸上是一片绵延的森林。学校重视体育，学生每天都要绕着操场晨跑，学校的运动会要求所有学生都参加。我比别的同学早一年上学，个子小，体能弱，体育就没有好过，跳远很难成功地跳进沙坑，铅球从来不能达标，每次跑八百米都落在最后，体育老师每次看到我都会很忧虑地说："哎呀，你也太糟糕了，怎么办呢？"但是，老师从来没有在课上给过我任何难堪，我的体育也从来没有不及格，老师的爱护，甚至可能是包庇，保全了我很健康的学生生涯。

我小学的时候代表学校参加过县里的作文比赛。中学的时候代表县里参加过市里的作文比赛。初三学习最紧张的时候，语文老师还是鼓励我选择一些自己的文章用蜡纸刻下来，为我油印了一本作文集。我考上师范学校以后，彼时的老师也都还与我保持书信往来。语文老师在给我的每一封信上都有对我在写作上的激励。一封信上说：作家的素质要求，应该是全能的、多维的。书中有一百零一个角色，他就必须接触并深入一百零一个角色，扮演出一百零一个角色，否则，只能写写日记……一封信上说：笔耕之路是苦尽甜来的路，但愿你思甜而不畏饮苦……一封信上说：献给你良好的祝愿——愿路的那一头是一望的田田的荷塘，笔是桨，文是舟，沉醉不知归路……英语老师在信上说：在我看来，你的性格本来就是搞创作的人特有的个性呢……班主任也在信上说：文学事业不应荒废，要不懈努力……他们在我还那么小的时候，就对我的写作能力给予了深切的鼓励与期许，他们甚至比我自己更清楚我的禀赋，也比我自己更清楚我应该具有的理想。

我在读师范的时候遇到了对我有深刻影响的美术老师。老师曾经是右派，品性刚烈，是当地最受推崇的书画家，但是他从来不接受宣传，坚决不卖一字一画，他说自己的字画绝对不会变成一分钱，他也说自己是社会的清洁剂，哪怕鞭子打着，枪口对着，也不会闭嘴，不会说违心的话。但是，他会为了自己爱惜的学生，追着领导举荐，也不惜让学生拿着自己的字画去求门。我没有多少美术天分，甚至还会逃避上课，可是，老师在学校的橱窗读到我的文章，从此对我有了很多褒爱，总是推荐我读书以及看电影，也引荐我认识当地大学中文系的教授以及报社的副刊编辑，给我无私的带领与教诲。他对我说："你不喜欢画画没关系，你画不好也没有关系，一个写文章的人，未必是画家，但他可以比画家更有美术鉴赏的能力，艺术是相通的。"他叮嘱我："先做人，再做文章。"他在我要毕业的时候，也为我的去向焦急，他说："再好的资质，如果没有好的环境和条件，就会被消磨，我不是领导，无权无势，但是我会为你奔走相告。"他在我毕业的时候给我留言："读万卷书，行万里路，写盖世文章。"我在毕业十八年以后，因为写第一本书，才第一次回去看老师，老师已经七十五岁了，他很高兴，他对我说："我给你题字，要你写盖世文章，是很高的要求，要做到很不容易，要一辈子下功夫，像一些学者一样一辈子追求。我对你的要求是千斤的压力，不是泛泛的，你要承受得起，这不是一般的压力,这个期望大得不得了……你不要消耗自己的资质,跟官场与商家都要保持距离,不要去做没有必要的社交,浪费时间,否则就太可惜了。"临别的时候,他又对我说:"看到一个好的学生,就像发现一件绝好的作品一样高兴,加以举荐,是义不容辞的,这是一个正确的老师、一个真正的知识分子应有的美德。"我在人生的每个时期,只要回忆起老师的话语,都很感动,它们也让我抵御了写书的艰巨与孤独,并且更有一往无前的力量。老师影响了我人生的流向,至今还在产生影响。

……

我的老师们大多默默无闻,也朴实无华,但是他们都不吝于对学生敦促、庇护,并且发掘、栽培、勉励,他们都甘为人梯,他们都是:最好的老师。中学的时候,学校的学生都从农村来,都住校,父母都会不辞辛苦地来送米、送菜、送衣被,没有下课的时候就站在看得到教室的远处等候,老师就会指着窗外对学生说:"你们如果不好好读书,怎么对得起父母?"学生如果懈怠,或者不听话,父母也会说:"你如果不好好读书,怎么对得起老师?"那时候老师能够体恤学生的父母,父母也都敬重老师。那时候人与人之间的情感也都真挚朴素。那时候的老师可以一心一意地就只是做一个最好的老师。

那时候的岁月是匮乏的。

但也是丰饶的。

一 代 人

三十二年前,我考上中专,成为一名中等师范生,也就是中师生。当时,中专要比重点高中先录取,每年能考上的学生屈指可数,很多学校与乡镇从来就没有学生考上过,似乎比考大学还要难,能考上的都是最优秀的学生。考上中专就可以改变身份成为城市户口,跳出"农门",其中,师范不仅免费,还有生活补助,也是寒门学生最好的出路。我的同学也就几乎都来自农村,很多也都家境贫寒,但都是当时最优秀的学生。

对于中师生,蔡元培先生有过一段演讲。

师范的性质与中学不同:中学毕业后还要升学,师范毕业,就要当教员,师范是为培植将来的小学教员。诸位是将来的教员,不可不注重学校中一切的科学。中学各科有各科的教员,教师或只教一种科学,小学则不然。小学内常常以一人兼教各种科学,初等小学常以一人兼学校中一切科学,如手工、图画、音乐、体操,所以一个师范生可以办一个小学。师范生的程度必须各科都好，才能担负这种责任。小学教师正像工人一样，工人的各种器具都完备，才能制造各种东西，小学教师的各种科学都完善，才能得良好的小学教育。所以师范生须兼长并进，不能选此舍彼。①

我们在师范也就什么都学：声乐，弹琴，舞蹈，简笔画，素描，油画，跑，跳，打球，演讲，课本剧，粉笔字，硬笔字，毛笔字，普通话，甚至还有园艺，木工，钳工，无所不包。老师总是告诉我们："要好好学基本功。"我们最重视的也就是基本功的学习。清早，在操场上压腿，晨跑，出操。对着操场的围墙练习绕口令。提着小黑板在走廊上练习粉笔字。无数遍地在毛边纸上练习一个笔画。废寝忘食地画画。走火入魔似的练琴。为了分清平翘舌音或者前后鼻音神魂颠倒……它们生动、活泼，让原来只会发愤读书的我们得到了解放、激发，以及没有拘束的生长，但也遗留下了知识结构单薄的缺失。我们对于关涉教材、教法、教育心理学、教育管理、教育简史的内容，以及《学记》《师说》《大教学论》《爱弥儿》《普通教育学》《教育诗》等对全世界教育产生深刻

---

① 出自《蔡先生湖南第六次讲演：对于师范生的希望》。

影响的文献，都浮光掠影。文化课程也有偏废。就没有再学过英语。不曾思考人类为什么需要教育，又需要怎样的教育，教育的本质是什么，教师怎样有别于其他的职业，教师对教育乃至人类意味着什么。即使最偏重的基本功，也浅尝辄止，都不能更多深入，也没有更多开阔……三年以后，我们就毕业了，仅仅十八岁，就步入社会，走上讲台，成为一名老师。

在成为老师以后，我以为我会一辈子都当老师，而且一辈子也不会离开当时工作的学校。我们同学更多的是从哪里来，回到哪里去，基本被分配回了农村的学校，但是我得到很少的留城的机会，被分配到了当时最好的小学，每个人都以能够进入那所学校为荣，几乎也没有人会在退休以前离开那所学校。在我的人生观、世界观、价值观形成的最重要的阶段，我的整个世界也就只有当老师一件事情。我读大量的教学参考书、备课手册、课堂教学艺术集萃、名师授课录、教学要略、教育过程与方法、板书设计及应用等书刊。写很多论文。开始上很多公开课，参加很多比赛，度过许多不眠之夜，几乎没有休息的时候，评上最年轻的省教坛新秀，马不停蹄地上更多的公开课，巡回讲课，得到更多的荣誉，被破格提拔为最年轻的副校长。有了光环，也成名了……可是，一个学生家长告诉我：

"我们并不希望老师出名。"我也开始有很多疑惑:作为一个老师,究竟应该为了谁,应该从谁出发?我为学生做过什么?我为之努力的一切对学生有什么意义?一个老师如果成长起来了,却越来越少和学生在一起,甚至不再和学生在一起,不再属于讲台,那又有什么意义?一个老师应该把讲台当作舞台吗?一个老师为什么要成名?……我惭愧于自己远远没有成为像我的老师们那样的最好的老师。我离开了仅仅工作了八年的学校,来到了杭州,而且也离开了讲台,到了教育局工作。人生的河流并没有像原来以为的那样平稳地流淌,而是奔流向了未知的方向。

五年前的五月,我和我的一些同学有了一次见面。

那也是毕业二十四年以来我们的第一次见面。

那时候,我在写我的第三本书,我做了他们的访谈。

一个同学。光头。学生的时候是班里最英俊的男同学,也是学校舞蹈队的队员,但是被分配到了一个乡镇的小学,后来自己开公司。他说:"我觉得当老师没有前途,就出来自己干。当老师的出来干别的行业很难,起初亏了很多钱,经济非常拮据,不知道方向在哪里,非常迷茫,就开始掉头发,现在也就是勉强过。我每年都会有几次梦到在讲台上上课,不可能忘怀。"

一个同学。凝重。学生的时候是校花,也是我们这一届唱歌最好的同学，一直梦想上大学学音乐，也被分配到了一个乡镇的小学，后来家里有过很多钱，又破产，欠下巨额债务，被生活压迫得直不起腰来，最难的时候天天哭，在路上走着走着就会哭，也经历了身体的病痛，后来又很有钱，但是对自己的人生很不满意。她说："我努力工作过，但是工作带给过我什么？不怎么好的收入，饱受困扰的身体……现在家里有很多钱，但这不是我最喜欢的，我喜欢内心的富足。每个人都想实现自己的价值，我的工作只有这样了，我的梦想也早就已经荒废，不知道接下去要干什么。我有很多想法，但是我做不了，我也有很远大的理想，但是我也已经实现不了，我已经力不从心。"

一个同学。黑，胖。是我们这一届画画最好的同学，就知道没日没夜地画画，不吃饭也要画画，就想要保送大学，结果被分配到农村的学校，教科学，人生从此和画画再也没有关系，后来是一所农村学校的校长。他说："初中的时候，每年年三十谢年①，父亲就端来一脸盆水，放进一条鲤鱼，想尽办法让鲤鱼从脸盆里蹦出来，寓意我能

---

① "谢年"又称"送年"，是一种中国民间祭祀活动，目的是祈求神保佑老百姓在新的一年里风调雨顺、年年有余、岁岁平安，一般是在农历腊月二十八至腊月三十之间进行。

跳出'农门'。我也是全乡第一个考上中专的。可是,我们这些原来最优秀的学生,到现在还能保持优秀吗?……人生如果就这样老去还是很遗憾的。"

一个同学。深沉。是我们的班长,被分配回了村里的学校,学校离家只有十米路,就是他自己从小上学的学校。他的妈妈说:"总以为你已经考出去了,怎么又回来了?"他非常压抑,经历过很多周折。后来是一个城区教育局的副局长。他说:"在最绝望的时候,收到同学的明信片,写着'当年的锐气还在吗?'这才让自己又振作起来。一个人不管在什么处境中都不能沉沦。"

一个同学。拘谨。被分配到了偏远山区的学校,后来是一个城区教育局的人事干部。他说:"我的母亲身体不好,姐姐成绩一直很好,但是为我做出了牺牲,读到初中毕业就不读书了,几乎承担了家里全部的事情,我拿到第一个月的工资首先就给姐姐买了一辆自行车。我的体育最差,但我就是体育老师。我教学很认真,为了出成绩,天天和学生一起跑山路,拿着赶牛的棒子赶学生,我那时唯一的目标就是:我要出来。"

一个同学。头发斑白。他说:"我只能读师范。父母身体都很差,他们为了子女读书已经倾家荡产,师范不要钱,能解决户口,已经是最好的出路。不是我们选择了师范,而是师范选择了我们。我考上师范的时候,父母在村里很光荣,现在不一样了,现在都讲谁的钱多。当老师就这点钱,要买房,买车,培养孩子,全都花光还不够,还怎么回报父母?还是愧对父母。"

一个同学。他说:"现在的一些老师忙到连上课的时间都没有。有的校长忙到连进课堂听一节课的时间都没有。以前百分之九十的精力都能用在教学上,现在一半的精力都没有。一个教育者要坚守教育的本质,把握教育的真谛,太难了。刚毕业的时候我也曾经满腔热情,现在更现实了。"

一个同学。她说:"学生都说我是最温柔的老师,我在学校里什么都忍耐,但是回到家里就发脾气,把所有的怒气都发到了孩子身上,还总要拿教过的好学生和他比,他永远都是失败的,给基层一线的老师当孩子是很痛苦的事情。"

一个同学。她说:"当老师的世界很小,越当越傻,要是不当老师也不知道还能干什么。"

一个同学。他说:"我是来当听众的,现在这样愿意说、愿意听的,都很少了。"

……

我的一个一个同学对于老师这个职业,都憧憬过,痴心过，热爱过，努力过，也体味过它带来的得与失，甜蜜与哀愁，欣喜与疼痛，碾磨与迷茫。也是一个同学，被分配到最偏远的山村小学，先调到县城的学校，又调到市里的学校，后来也到了杭州，也是一个校长，他说："我承认我是一个功利的人，我就像一架战斗机，我所有的奋斗都是为了寻求资源，改变命运。"我们所有的同学都躬逢了一个大开大阖也是泥沙俱下的时代，它在挑战每一个人对于金钱、物质世界、活着的意义、生命的价值以及爱、罪、信的认识，它使得每个人的人生的河流都很难只是平稳地流淌，都在朝着不知的方向奔流与跌宕，它也使得一个人很难仅仅就只是一个老师，而不得不还要奋斗。蔡元培先生还说过："小学教员在社会上的位置最重要，其责任比大总统还大些。你们在学校中如有很好的预备，就能担负这责任，有益于社会……"① 我们的预备不免有欠缺以及局限，我们在真正"有益于社会"的道路上也不免踉跄与彷徨，但是，我们都在经受千锤百炼，都在为之奋斗。

---

① 出自《蔡先生湖南第六次讲演：对于师范生的希望》。

又 一 代 人

我在学校的时候，更多受到60后那一代老师的影响，那时的他们风华正茂，有的是年轻有为的校长，有的已经是特级教师，有的是权威的教研员，有的执教过很多观摩课，他们是那时基础教育界的中流砥柱，举足轻重，影响了很多老师的教学观、教育观以及人生的价值取向。我离开讲台以后，我的一些同学也开始陆续评上各级的教坛新秀，又陆续地，有的也当了什么主任，有的也当了校长，有的也当了教研员，有的也评上了特级教师，他们几乎拷贝了上一代老师们的人生轨迹，渐渐地也成了中流砥柱。在很长的时期里，大家更多关注与聚焦的也基本是这两个年龄层的老师，我对老师这个群体更多的认知与了解也停留在这些老师身上，好像他们就等同了全部的老师。

我对更年轻的老师缺乏认识。我离开讲台的时候也还年轻，从此，我不再有更多的机会接触到更年轻的老师的入职，并且了解到他们的职业追求以及内心世界。我听到有人说：现在的年轻人和我们不一样，他们不讲奉献，他们很现实，他们不要加班，不要被打扰，他们只想怎么赚到钱，过上好的生活，到哪里去玩，他们不像我们那么听话……但就是听到而已，不会予以更多关心，甚至是忽略的。一次集体调研，参加座谈的都是很年轻的老师。他们都提前调了课，调课并不容易，他们也似乎熟谙座谈的形式与规矩，都不多说话，说的也都是不关紧要的话，他们疲倦、谨慎，也敷衍。一个研究生毕业的老师，才参加工作几个月，沉默，没有表情，一句话也不说，不知道她经历了什么，又在想什么。一个一起调研的部门负责人又说：现在的年轻人不好管……我还是没有予以更多关心，还是忽略，好像那是一个离自己很远的世界，它是隔膜的、疏离的、不能触及的，它其实是我的欠缺。

　　工作室的第一次活动。我第一次见到我的六个学员。他们有两个是80后，四个是90后，而且都是95后，两个与我教的第一届的学生差不多大，四个比我教过的学生还要小。我越来越认为个人是有限的，没有谁一定能够高于谁并且影响谁，我也越来越少当众说话，不希望自己的话语对人造成扰乱，或让人不愉悦。我也希望自己在与他们几个学员说话的时候能够尽量柔和与谦卑。他们却也都不多说话，似乎怕说错什么，也还有拘束，也似乎习惯了接受教导，不会轻易表达自己的态度。尽管如此，我还是试着靠近他们，而且有了还要更多靠近他们的愿望。以后的活动，他们渐渐放松，但还是有克制，也有自己的分寸，他们离我似乎又近，又远。我和他们第一次探讨《为人师》的构想的时候，有两个老师说着说着就哭了。我和他们进行一对一访谈的时候，一个老师默默地流泪，一个老师突然哽咽，一个老师泣不成声。他们予我信赖，逐渐地袒露：他们不都是自我的，他们的内心都像熔浆一样在奔突，他们的生命都有丰富的肌理，他们都有自己的光芒，他们也像棱镜，有很多折射，他们接受过更好的教育，生长在更加丰沛的时代，他们与更年长的人既有同样敏感的情感，相似的脆弱与勇敢，也有很大的差异，他们对生命、人类、世界、人的一生应该怎么度过以及对职业的看待有更开阔的视野，他们是新鲜的……未来一直都属于更年轻的人，他们也让我看到了未来的希望、力量以及更多的可能。他们也让我得到了：健全。

一代人没有走完的路交给了又一代人。

又一代人又把它交给又一代人。

一代又一代人都走在为人师的路上，也许有的人走得更远一些，有的人没有走得那么远，有的人新出发不久，有的人迷途知返，但是每一个人都走在它的路上，它是我们未竟的事业，也是我们共同的荣耀。

荣格去美国旅行，和一群美国朋友前去访问新墨西哥州的印第安人，也即建造城市的普韦布洛人，他问他们的首领，他为什么认为白种人都疯了。

"他们说他们用脑袋思考。"他回答道。

"哦，当然是用脑袋。那你用什么思考？"荣格惊奇地问他。

"我们用这个。"他指着心脏说道。①

我选择写书，也是在让自己学会用心灵去思考：每一个人都不是微小的，而是宏大的；不是个别的，而是普遍的。于是，我也才可以听到时间从每一个人的生命中呼啸而过的声音。

2023年冬，夜

---

① 引自《荣格自传：我的梦与潜意识》第九章。

附 录

书稿完成以后,
六位老师分别试读了各自部分的内容,
以及序章与后记,
各有感触。

我不是一个轻易会哭的人，爸爸生病都没有哭过，访谈的时候说着说着哭了，看了书稿以后又哭了。自从爸爸走了以后，谁也不能与我提到他，那就是禁忌，但是诉诸文字以后却有了一种和解……我也是第一次坦然地说出自己喜欢做班主任，因为现在很多老师并不能理解怎么还会有人喜欢做班主任。我以后还是会一心扑在教室里，就像一棵树一样长在教室里。

——王老师

教龄 24 年

杭州人

喜欢植物

喜欢说话

喜欢教师这个职业

喜欢当班主任，一直就当班主任

曾经也梦想能够成为一名特级教师

后来发现当一个平凡的老师就已经很好了

文字中的自己那么真实，就是一个矛盾体，希望自己在光下，又怕自己被呈现出来。过去对自己很不认可，也得不到认可，很气馁，尤其是重新当了班主任以后，似乎一直反复在跷跷板上跳跃，总是怀疑自己是不是走错了，走得这么辛苦，参与一本书的过程却让我看到了自己的价值。每个孩子也都希望被认可，我一直都在试着更多地关切那些没有受到很多关注的孩子的内心，尽力理解他们的不安、小心翼翼与慌张，一直都在追寻与学生在心灵上的碰撞，我希望自己能够给他们点亮一盏灯。

——潘老师

  教龄 15 年
  温州人，小时候跟着父母辗转在很多地方生活过
  后来留在了杭州
  容易感动
  容易纠结
  更喜欢和学生在一起
  放弃中层管理岗位
  重新当班主任
  开始追求让自己的生命丰盈起来

我现在是学校最年轻的中层干部，最近也遭受了思想上的冲击，一个老师当众对我提出质疑，也不服气，但我没有畏怯。我就像书里写的那样，怀抱着要让教育越来越好的心愿，要为它去做更多的事情，我只有牢记初心，才会越走越坚定，不然就会迷茫。

　　——陈老师
　　教龄 3 年
　　金华磐安人，小时候跟着父母亲来到了杭州
　　更喜欢当主持人
　　更喜欢站在舞台上
　　但是当了老师
　　虽然还有迷茫
　　可是内心有自己的抱负
　　希望能为教育做出一些改变

我是那么普通的人，书里仅仅我这部分就有那么多内容，我不太相信自己有那么多可以呈现的东西。我和别人交流太少，经常不知道要怎么表达，来到杭州以后，大部分的时候也都是一个人，没有过这样交流的机会，每一次交流都在慢慢地打开自己。

妈妈告诉我除了《铿锵玫瑰》，她还喜欢《我要飞得更高》这首歌，在低谷的时候，它们都能给予她力量。我一直以为妈妈就是一个特别积极乐观的人，听到她也有低谷的时候，很震惊，妈妈一定偷偷藏起了不快乐的东西，我对妈妈了解太少，关心不够，很愧疚。

我和前男友已经很久没有联系，可能再也不会有联系，我们没能好好说再见，我一直没有找到一个很好的方式与之告别，书中"光的样子"这个部分也为我画上了一个句号，让我接受了这件事情的结束。我还不够了解自己，还是要先认识自己，形成完整、独立的自我，才能真正去爱一个人以及被爱，我以后也要成为这个世界上最爱自己的人，因为那样才会让妈妈放心。

——张老师
特殊教育教师，教龄3年
河南人，大学毕业后到杭州应聘当老师
喜欢美好的事物
希望成为一个美好的人
认为自己应该能够在特殊教育的事业中实现自己的人生价值
但是也会设想：如果不当老师，自己还能干什么我一直还是想去读博，以前也想过为什么家庭条件不能再好一点，可是，接受访谈的第二天，爸爸就进了重症监护室，甚至已经立好遗嘱。我的感触越来越深刻：爸爸妈妈已经做到了力所能及的极限，他们就像负重的骆驼，一辈子就为了子女，也没有自己的生活。人生的很多问题也许都是无解的，永远没有答案，不会有答案。文字也让我一次次地直面自己，作为一个男人总是要有点追求的，我以后会承担起更多的责任，并且坚实地展开自己的人生。

——黄老师
教龄3年
金华永康人，父母是他生命中从来不曾间断的光，研究生毕业以后在杭州的学校工作
至今还没有找到适合自己的教学模式，很多困扰，不免焦虑
最想要站稳讲台
成为一个好老师

人生中经历过的事情，从来都没有好好梳理过，拿到书稿以后，来来回回看了很多遍，有空就拿出来看一看，觉得很感动，也很想看一看其他老师的故事，很期待……妈妈也很想看看书稿，我没有同意，想要保持神秘感。就在前几周，我举行了婚礼。爸爸要在婚礼上发言，他非常紧张。这两年他的牙齿开始松动，但是他很害怕去医院，门牙掉了很久也一直没有去补，为了参加我的婚礼终于到医院整顿了他的牙齿。他的普通话不是很标准，有明显的乡音，他就天天在家里排练，为婚礼当天上台讲话准备了好几页纸。我平时跟爸爸交流更多，妈妈总觉得我跟爸爸感情更好，但是在婚礼上一说到"妈妈"这个词，我的眼泪就掉下来了，还是妈妈更能戳到我。我深深地感受到被爸爸妈妈很好地爱着的幸福……我喜欢电影《卡萨布兰卡》里的一句台词："世界上有那么多的城镇，城镇中有那么多的酒馆，她却走进了我的。"当时那么多的工作室，我就选择了这个工作室，也才有了如此意想不到的体验。

　　——丁老师
　　　教龄4年
　　　丽水缙云人，爸爸妈妈都是中师毕业的老师，小时候先随妈妈到了杭州，后来爸爸也到了杭州，后来自己也成了一名老师
　　　喜欢大城市
　　　喜欢真诚地对待每一个人
　　　只想一辈子站在讲台上
　　　一辈子和学生在一起

出 版 人　郑豪杰
策划编辑　池春燕
责任编辑　池春燕　柯　彤
版式设计　蓝喜闻　吕　娟
责任校对　贾静芳
责任印制　叶小峰

图书在版编目（CIP）数据

为人师 / 郑锦杭著. —北京：教育科学出版社，2024.3（2024.5重印）
ISBN 978-7-5191-3821-9

Ⅰ.①为… Ⅱ.①郑… Ⅲ.①师资培养 Ⅳ.①G650

中国国家版本馆CIP数据核字（2024）第051651号

为人师
WEI RENSHI

出版发行	教育科学出版社		
社　　址	北京·朝阳区安慧北里安园甲9号	邮　　编	100101
总编室电话	010-64981290	编辑部电话	010-64981265
出版部电话	010-64989487	市场部电话	010-64989009
传　　真	010-64891796	网　　址	http://www.esph.com.cn
经　　销	各地新华书店		
制　　作	北京京久科创文化有限公司		
印　　刷	中煤（北京）印务有限公司		
开　　本	880毫米×1230毫米　1/32	版　　次	2024年3月第1版
印　　张	6.875	印　　次	2024年5月第2次印刷
字　　数	105千	定　　价	48.00元

图书出现印装质量问题，本社负责调换。